人民城市

在临汾社区的实践

老百姓眼中的『全过程人民民主』

李 梅 顾海斌 主编

复旦大学出版社

编　委　会

主编　李　梅，上海市社联《探索与争鸣》副主编、编审
　　　　顾海斌，上海市静安区临汾路街道党工委副书记

主创　上海市社联李梅、高原、张蕾、屠毅力、孙冠豪、蔡润丹，
　　　　中共上海市委党校徐学通，华东理工大学朱琳、李秋祺、唐浙、
　　　　李帅、郑思琪，南方科技大学杨义成，上海社会科学院唐诗诗、
　　　　程欣月，复旦大学洪韵佳，上海交通大学杜侬灵，上海师范大学
　　　　赵秋月，上海大学徐雨佳

顾问　邓伟志，民进中央原副主席、上海大学终身教授
　　　　成伯清，南京大学社会学院原院长、教育部长江学者特聘教授

监制　李永波，上海市静安区临汾路街道党工委书记
　　　　叶祝弟，上海市社联《探索与争鸣》主编、编审

序一

人民城市与老百姓眼中的全过程人民民主

——上海市临汾路街道的岁月实践

一部中国共产党百年奋斗史，就是一部为人民谋幸福的历史。

上海是习近平总书记"人民城市"和"全过程人民民主"理念的提出地。2019年11月，习近平总书记考察上海期间，在杨浦滨江首次提出"人民城市人民建，人民城市为人民"的重要理念；在长宁虹桥街道古北市民中心首次提出"人民民主是一种全过程的民主"的重大理念。2022年和2024年，"坚持人民城市人民建、人民城市为人民"被相继写入党的二十大报告与党的二十届三中全会《决定》；"发展全过程人民民主"更是被明确为"中国式现代化的本质要求"。

当下，上海正在奋力打造全过程人民民主最佳实践地，《人民城市在临汾社区的实践——老百姓眼中的"全过程人民民主"》一书，即以上海市临汾路街道的社区治理实践为基础，展示基层工作者在人民城市建设与老百姓日常生活中践行全过程人民民主的场景和老百姓眼中的全过程人民民主的图像。

临汾路街道作为2000年首批全国思想政治工作先进典型，先后获得全国先进基层党组织、全国文明单位等荣誉称号。近年来，街道的数字治理、为老服务、一网通办等工作获中央、省市级媒体多次报道，人民群众满意度较高，在党的建设、基层治理、精神文明、城区管理和民生保障等方面走在前列，具有鲜明时代特色的"临汾经验"，堪称新时期基层坚持贯彻全过程人民民主的一个"样板"。

人民城市在临汾社区的实践
——老百姓眼中的"全过程人民民主"

本书是对临汾经验的系统提炼，包含临汾路街道进行人民城市建设，践行全过程人民民主，提升基层治理水平尤其是居民生活体验的一系列宝贵经验。全书包括5个板块，涵盖了15个方面的案例，或阐释全过程人民民主引领基层治理的理念和街道工作方略，或聚焦诸多典型性人物和事件，从不同侧面展现了全过程人民民主在老百姓眼中的样貌。其中的参考价值自不待言，可概括为"四个基本"。

一是以"人民至上""以人为本"为基本内涵。人民是我们政权的顶梁柱。中国共产党的百年奋斗，完全是出于对人民的热爱，是在为人民谋幸福。孟子说："民为贵，社稷次之，君为轻。"在全过程人民民主理念下，人民是社会的根基，也是治理的主体。纵观全书，以人民为中心的体现比比皆是。以"临汾为老服务：人民的车轮"一节为例，临汾路街道立足当地重度老龄化的基本情况，围绕老年人口对城市软硬件建设的主要需求，尤其是80岁以上高龄、重疾、独居等老人突出的"食"的需求，以及延展开来的医疗、出行等核心需求，送上了保障，送去了温暖，回收了民情，收获了认可。一声声响亮的口号，一件件鲜明的事例，充分表明了全过程人民民主的核心在于贯彻以人民为中心的发展理念，最终则落脚于人民生活的全方位改善。

二是以坚持和强化党的领导为基本原则。民主不是无政府主义。有组织则有序，无组织则无序。中国共产党一直主张"组织起来"，一直强调"组织群众"。临汾路街道正是通过深入开展"组织力工程"，促使基层党组织的整体功能得到有效提升，从"服务活动型"向"功能使命型"转变，从"教育管理型"向"思想引领型"转变；同时也依靠提高群众组织力，强化群众参与社区治理的主体作用，有效应对了利益多元化、思想碎片化、诉求多样化、个体原子化等社会化问题。增强民主自觉、提升群众参与度，这是发展全过程人民民主的应有之义，对此应该有清醒的认识。

三是以营造良好的民主生态和提升群众的民主自觉为基本路径。"天下兴亡，匹夫有责。"老百姓有责任也有权利参与社会事务治理。毛泽东同志说"六亿神州尽舜尧"，就是告诉我们，人民群众中间蕴藏着巨大的积极性和创造力。因此，在基层治理中，群众应当享有最大的知情权、表达权、参与权、监督权。在处理群众日常生活事务时，应当充分优化民主流程、突出民主意识、增强民主自觉，要做到服从多数、尊重少数、平等相待、有序参与。比如，"加梯样板：民主协商中的自治、法治与德治"一节，在解决加装电梯这样一个当前中国城市社区可能存在的普遍性问题的过程中，临汾路街道将民主协商贯彻始终，使得民情民意得到充分表达，居民权益获得较好维护，社会资源也得到有效整合。《管子》言，"夫民……合而听之则圣"，就是讲办事要充分吸收老百姓意见，要共商才有效率。临汾路街道正是通过与群众共商共建，使全过程人民民主的精神理念转化为现实行动，充分发挥了居民自治的潜力。

四是以构建社会生活共同体为基本依托。社区本质上是由共同的利益、文化、情感、习俗而结成的社会群体。基于社区的社会生活共同体的共享、互联、互补、互动，是医治"老死不相往来"的"城市病"的一剂良方。春江水暖鸭先知，社会上的风吹草动，基层社区一般最先了解、反应，这样就可能把社会矛盾化解在萌芽状态，而不是等到问题成堆再去处理。在本书中，有着大量社区成功治理的实例。比如"临汾社区自治：打造社区治理共同体"一节，讲述依托"党建三三制"（居民区党总支、楼群党支部和楼组党小组三级组织建设）的社区自治网络架构的建立。"社区法治服务中心：群众身边的律所与法院"一节，介绍了临汾路街道成立的上海市首家社区法治服务中心，为发展新时代"枫桥经验"贡献智慧。"社区大脑：城市管理的利器"一节，从社区治理数字化转型角度，展现了新技术在社区治理中的应用，以及加快推进基层智慧治理的重要性。基层社区有活力，整个社会才能安定有序、文明和谐。临汾路街道把握基层治理的功力，由此可见一斑。

"实践出真知。"临汾经验正是作为排头兵、先行者的上海，在人民城市建设和践行全过程人民民主过程中来自基层群众和一线工作者的智慧结晶。本书多角度、多层面、多层次展示了上海城市基层治理中的全过程人民民主实践，在时代大格局中留下了一份份生动感人的记录，也是具有重要参考价值的阶段性总结。中国共产党坚持以人民为中心的发展思想，新时代要求写出新篇章、拿出新作为。

临汾路街道在30年的基层实践工作中积累了丰富经验，《探索与争鸣》编辑部受其委托组织团队梳理总结，这是一次学术期刊与基层一线的深入合作，也是一次理论与实践的充分碰撞，这样的组合本身就难能可贵。相信本书的出版将助力我国人民城市建设和全过程人民民主的进一步发展，助力中国式现代化的进一步推进。

是为序。

邓伟志

民进中央原副主席、上海大学终身教授

序二

民主、民情与共同体

——从临汾路街道全过程人民民主实践探索说起

民主,如果仅仅表现为仪式或形式,不能解决实际的问题,并不能成为民心所向。运作良好的全过程人民民主,必须借助于和体现为特定的社会基础和社会形态,其中的关键就在民情。托克维尔(Tocqueville)在《论美国的民主》一书中,多次阐述了民情对维护民主共和制度的影响以及民主对民情的影响,高度的自治精神和个人的自由联合,使社会充满活力,也使民主充满生机。相形之下,在《旧制度与大革命》一书中,托克维尔看到,法国的民主革命扫荡了旧制度的众多体制,却巩固了中央集权制,由此导致社会解体,个体疏离,多数人的暴政大行其道。当然,美国的民情已今非昔比,不少人如今甚至沦为"故土的陌生人"[霍赫希尔德(Hochschild)语],高耸的"共情之墙"撕裂了社会。因此,脱离社会脉络而抽象地谈论民主,并无意义。

在阅读《人民城市在临汾社区的实践——老百姓眼中的"全过程人民民主"》样稿时,印象最为深刻的,就是社区工作者真正跟居民打成一片,以党建为引领,挖掘和激活居民区的内生力量,充分调动居民广泛参与,大家的事情大家商量着办,并在办事的过程中团结起来,形成街区共同体。这种共同体的形成,不仅增强了办事的能力,提高了办事的效率,降低了办事的成本,极大改善了社会生活的品质,还让居民产生归属感和价值感,敦亲睦邻,街区民情焕然一新。可见,全过程人民民主，既可应对社会的转型，也可实现社会的重建。美好生活，在美好的周边社会中方有可能实现。

这些基于临汾路街道一线工作者口述的鲜活实践故事，就事论事，虽然没有学术论文的严谨，有时还难免夹杂着零星的套话，但他们没有抽象地谈论不着边际的问题，而是直面居民的需求和诉求，解决具体的急难愁盼问题，围绕日常生活中的全过程人民民主，记录下老百姓眼中最动人的瞬间和最深刻的感悟。就此而言，这绝对是一份有价值的记录和分享。

在急剧变迁的时代，实践经常走在理论的前面，创新性的实践探索虽或不够完善，但总能给人以启迪。尤其是一线工作者和社区居民来自日常生活实践的感悟，并不会随着时间的流逝而耗散掉内在的动人之处。全过程人民民主的点滴推进，都具有永恒的价值。

30年前，我是李永波读大学时的班主任；而今，永波向我介绍了临汾路街道人民城市建设和全过程人民民主的实践探索，我既感到高兴又颇为忐忑。高兴的是，他们作出了突出的成绩，将基层实践切实地嵌入中国大地；忐忑的是，全过程人民民主作为一个正在展开中的伟大历史进程，当下的管窥蠡测，恐难切中肯綮。但他们的尝试和努力，确又值得肯定和支持，况且我也曾在现场感受过他们的工作成效，故不揣谫陋，略述数言，权以为序。

成伯清

南京大学社会学院原院长、教育部长江学者特聘教授

目录

1 党建引领基层治理

"组织力工程":基层治理的"关键一招" / 3

街区融合:共建美好家园 / 18

党建引领:共建红色家园 / 34

2 全过程人民民主

加梯样板:民主协商中的自治、法治与德治 / 57

老旧小区改造"突围"

——全过程人民民主"最后一公里"的生动实践 / 71

破解停车难:搭建常态化议事协商机制 / 88

3 践行人民城市理念

"双美"工作：打造靓丽的街区风景线 / 107

城市艺术季：用艺术激活"15分钟社区生活圈" / 124

临汾社区自治：打造社区治理共同体 / 145

4 超大型城市社区治理

社区法治服务中心：群众身边的律所与法院 / 169

临汾好办：一枝一叶总关情 / 186

临汾为老服务：人民的车轮 / 204

5 社区治理数字化转型

不打烊数字小屋：跨时空的应需服务区 / 229

民情日志：做好基层顺风耳 / 247

社区大脑：城市管理的利器 / 263

党建引领基层治理

"组织力工程：
基层治理的"关键一招"

习近平总书记在党的十九大报告中首次提出，要"不断增强党的政治领导力、思想引领力、群众组织力、社会号召力，确保我们党永葆旺盛生命力和强大战斗力"。总书记在党的二十大报告中又对"增强党组织政治功能和组织功能"作出新的全面部署，强调"严密的组织体系是党的优势所在、力量所在"。这些新论断、新要求，为加强基层党的建设、提升基层党组织的整体功能指明了方向。

临汾路街道自1988年成立以来，加强和提升区域内各类党组织的"组织力工程"，即街道推广的从党员到群团再到群众的立体化、全方位系统探索党建工程，创造了多个党的建设、基层治理、精神文明的工作品牌，先后荣获中共中央组织部"全国先进基层党组织"、中共中央宣传部"全国思想政治工作先进典型"等近50项国家级荣誉。临汾路街道基层党组织的组织力，主要包括政治领导力、组织覆盖力、群众凝聚力、社会号召力、发展推动力和自我革新力。

一 "组织力工程"：以解决问题为导向应运而生

"基础不牢，地动山摇"，"欲筑室者，先治其基"。基层党组织是党执政兴国大厦的地基，基础不固则大厦不坚，欲筑大厦之坚必先固其基。基层党组织建设的加强，要突出其政治功能，以提升组织力为切入点，进一步健全基层组织，优化组织设置，创新活动方式，完全实现基层党的组织覆盖和工作覆盖。

党的十九大以来，静安区临汾路街道以深入开展"组织力工程"建设为抓手，以创新街道社区党的组织设置为突破，以突出党的政治功能为引领，通过深化实施"党员组织力、群团组织力、群众组织力、社会组织力"四个层面的组织力建设，切实把街道社区党组织建设成为宣传党的主张、贯彻党的决定、领导基层治理、团结动员群众、推动改革发展的坚强战斗堡垒，从而使街道社区党的建设全面进步、全面过硬，社区公共安全基础更加坚实、民生改善保障更加有力，城市面貌得到极大改善，市民素质得到显著提升，党建引领下的基层社会治理展现了新的面貌。

从中国共产党长期革命和执政的实践经验来看，"服务凝聚、组织动员、价值引领、政治领导"是中国共产党加强自身建设的基本经验，也是党的基层组织的基本功能。其中，政治领导功能是基层党组织整体功能的核心和根本，其强弱直接关系到党的创造力、凝聚力和战斗力，关系到党组织的战斗堡垒作用和党员的先锋模范作用。临汾路街道结合实际，加强社区基层党组织建设，突出政治功能，客观面对城市基层社会转型带来的三个明显改变：一是人口结构由市属国有企业中层管理人员为主转变为普通工薪阶层、外来人员以及离休、退休老年群体并存，民生保障方面的需求更加凸显。二是居住环境由新兴大型居住社区转变为老旧小区为主，仅有少量中档商住小区，市容面貌、街区管理水平亟待提升。三是以党建"三三制"（以楼组为单元，有3名以上党员的楼组建立党小组；以楼群为单元，有3个以上党小组的楼群建立党支部；建立"居民区党总支—楼群党支部—楼组党小组"三级组织网络），开启了以楼组党建为支点的社区党建格局。

与此同时，受制于党员结构老弱化和群众的分化等因素，党建引领社会治理水平仍需进一步提升。静安区人大社会建设委员会主任杨景明提到，"以居民区党组织为例，一些基层党组织在党建实践中过于偏重个性化服务，忽视了对群众的组织动员功能，过于偏重娱乐化活动，忽视了对党员的思想引领功能，过于偏重社会性凝聚，忽视了对社会的政治领导功能，导致一些基层党组织出现了服务功能较强而价值引领功能弱化，凝聚功能较强而政治领导功能弱化，局部功能较强而组织整体功能弱化的现象"。这些新情况、新问题在基层最直接的表现就是，一些基层党组织对上级决策和部署落实不够，不能围绕中心工作最广泛地组织动员群众，党组织的战斗堡垒作用发挥不力，党员的先锋模范作用发挥不明显，难以将党的决策部署在基层落地见效。

破解这些基层党组织出现的组织功能弱化、政治功能虚化、价值引领功能边缘化等现实问题，必须发挥基层党组织的战斗堡垒作用。"为了进一步解决这些问题，这些年来静安区临汾路街道探索实施了'组织力工程'项目"，着力推动街道社区党组织全面进步、全面过硬，促进基层党的组织力全面提升、政治功能全面强化。

二 四个"组织力"：以凝聚力为切入点开拓创新

临汾路街道"组织力工程"的理论内涵是以城市街道党的组织的政治领导力、思想引领力、群众组织力和社会号召力来应对利益多元化、思想碎片化、诉求多样化和个体原子化等社会转型中的社会化问题（见图1），通过深化实施"党员组织力、群团组织力、群众组织力和社会组织力"四个系统工程,将日益分散化的"社会人"逐步转变成为组织化的"社区人"。把街道各领域基层党组织建设成为宣传党的主张、贯彻党的决定、领导基层治理、团结动员群众、推动改革发展的坚强战斗堡垒,要求党支部担负好直接教育党员、管理党员、监督党员和组织群众、宣传群众、凝聚群众、服务群众的职责,引导广大党员发挥先锋模范作用。具体实现路径就是以"民情日志"和"社区大脑"为支撑,将临汾路街道过去30年形成的基层党建、群众工作的传统优势同信息技术、现代管理的领跑优势结合起来,真正在党的建设、基层治理、精神文明、城区管理和民生保障五个方面走在前列,使临汾路街道真正成为静安区乃至上海市的一张名片。

图1 "组织力工程"研讨会

"组织力工程"旨在推动街道社区党组织从长期以来的"服务活动型"向"功能使命型"转变,从"教育管理型"向"思想引领型"转变，切实以党组织的政治功能引领服务功能，推动党组织的服务优势转化为政治优势，使街道社区各类党组织的整体功能得到有效提升，临汾路街道社区党的建设初步实现了"四个转变"：从依靠少数党员骨干向注重发挥党员主体作用转变，从群团组织自娱自乐向组织动员群众转变，从关心少数困难群体向维护多数群众利益转变，从开展社会性活动向构建组织性团队转变。

（一）以提升"党员组织力"为重点，突出党员的先锋模范作用

"党员组织力"是组织动员街道机关党员、居民区党员、社区在职党员、区域单位党员和"两新"组织党员的一项系统工程，是临汾"组织力工程"的关键力量。按照分类指导、突出重点的原则，将分散在不同工作岗位、不同性质单位和社区的广大党员组织起来，关键是要创新街道社区党的组织设置，做到哪里有党员，哪里就有党的基层组织，就有党组织的战斗堡垒作用和党员的先锋模范作用。街道社区党的组织设置方式的创新，实现了从依靠少数党员骨干向注重发挥党员主体作用的转变。

突出党工委"龙头"作用，推动区域化党建与基层社会治理全面融合。按照全国城市基层党建上海会议精神部署，街道党工委充分履行城市基层党建牵头抓总职责，通过落实领导班子成员"路长制"，明确13名领导班子成员分别兼任辖区13条马路的"路长"，每条马路配备3至4名机关党员，要求领导干部在抓好道路管理的同时，按照责任分工抓好马路沿线区域单位党建、"两新"党建和围墙内的居民区党建工作，切实将基层党建工作责任制落到实处。同时，在街道行政党组领导下，依托"社区大脑"指挥中心的枢纽平台，将派出所、

城管执法、市场监管、交警、市容等行政管理队伍进行整合，现场办公、统一指挥、联勤联动。为了推进城市精细化管理，临汾社区还进一步优化临汾路街道街区管理单元，将执法类辅助队伍在街区层面优化整合，做好日常巡逻、快速响应、快速处置等工作。

机关党员组织力建设重在围绕"三公"职能，组织设置有创新。党工委打破身份和编制壁垒，紧紧围绕街道"三公"职能，撤销"公务员党支部""事业干部党支部""社工党支部""城管执法党支部"和"绿化市容党支部"，成立新的机关党总支，下设"公共管理""公共服务""公共安全"三个党支部，促进机关党员干部围绕中心工作，发挥模范带头作用，创先争优，立功建业。比如，公共服务党支部所属的社区事务受理中心，敢于尝试量化考核措施，2017年一年内受理量达94 240件，大幅提升了群众服务满意率，群众满意度超过99.5%，临汾居民安全感、满意度测评位列全区前列。公共管理支部依托"社区大脑"综合指挥平台，城市管理效率大幅度提升，在2018年2月开展的文明交通样板路段测评中取得99.9分，位列全市前列。

社区党员组织力建设重在围绕党员群众新型人际交往方式，组织覆盖有突破。各居民区党组织结合本小区党员和群众的实际，探索突破以"地缘"为特征的居民区党组织形态，根据居民就业、交友和生活方式的变化特点，以"业缘"和"趣缘"为纽带，建立睦邻型、区域型、服务型等"1+N"功能型党组织，即在1个总支部下建立若干个功能型党组织（党小组）。比如，临汾路街道居民区党建工作继承"三三制"的做法，以党员共同兴趣爱好为纽带，把党组织建在兴趣活动团队上，做到"有党员就有组织、有组织就有活动、有活动就有成效"，使生活在社区的每一位退休党员都能得到党组织的教育和关心，实现党的组织和工作全覆盖（见图2）。

图 2 "组织力工程,共同的行动"党的建设推进大会

区域单位和在职党员的组织力建设重在围绕共同目标,发挥作用有载体。以社区党建服务中心为枢纽平台,加强与区域单位党组织和行业党建互联互动,在党员教育管理方面开展党课"联学",在党员志愿服务方面注重活动"联办",切实把区域单位党组织和党员组织起来。通过落实"双报到、双报告"制度,要求区域单位党员参与街道、街区、居民区三个层面的共建活动,如定期参与区域化党建(共治)联席会,每季度参与居民区"1+5+X"联席会议进行"微共治",参加志愿公益服务活动等,形成共建共享共治的良好氛围。

(二)以提升"群团组织力"为抓手,突出群团组织的桥梁纽带作用

"群团组织力"是临汾路街道"组织力工程"的重要方面,是提升群团组织整体能力的重要抓手。临汾路街道"群团组织力"建设的

重点是顺应社区广大职工、青年和妇女就业形式和生活方式的新变化，创新群团组织设置形式，把群团阵地和组织建在离群众最近的街区和社区，把身份亮在家门口，以"组织力"建设激活群团组织神经末梢，让群团组织真正成为党组织服务群众、组织群众、引领群众的桥梁和纽带。街道社区群团工作深化改革，实现群团组织从自娱自乐向组织动员群众的转变。

街道社区工会组织以职工为核心，适应职工就业生活方式的新变化，在居民小区探索组建自由职业者工会组织，在街区探索建立"户外职工驿站"，把区域内从事快递、家政、物业管理等工作的职工群众服务起来、组织起来。街道社区共青团组织适应青年大规模、跨地域、高频率流动的特点，以"青春社区"和"青年中心"建设为载体，充分关注辖区青年的生活居住空间和社会交往空间，动员组织青年力量参与社会治理。街道社区妇联组织充分发挥居民区"妇女之家"阵地作用，搭建"妇女议事会"平台，适当扩大执委比例，激发广大妇女参与社区治理的积极性主动性。同时，依托"家庭文明建设指导中心"的平台，注重发挥妇女在"家庭文明"建设中的主导作用，带动更多家庭成员走出家门，成为小区建设骨干。街道社区统战工作以组织社区中的新社会阶层人士作为突破口，重点关注临汾居民子女的从业情况，通过探索建立新社会阶层联谊会、党外知识分子联谊会，将党组织的服务和关怀延伸到临汾路街道"新二代"群体，增强社区各界代表人士的参与感和使命感。

"群团组织力"实施以来，党工委充分发挥社区群团组织的桥梁纽带作用，组织建在小区，阵地建在楼组，党群身份亮在家庭。尤其是借鉴其他社区党建管理经验，从最初的"党员先锋之家"扩展到"爱岗敬业之家""青春风尚之家""巾帼文明之家""志愿奉献之家"

"道德模范之家""代表人士之家"等八类荣誉家庭。例如,在闻喜路555弄16号楼组的楼道墙面上,挂满了居民捐赠的书画作品;鲜红的"党员家庭"标识贴在门前,亮明家庭中的党员身份;各家门口写着简洁深刻的家风家训,"待人诚信,做事恒心""珍惜当下,知足常乐"。杨景明主任介绍,"程叔雏老先生是楼里的住户,也是带头创建美好楼组的核心人物之一。最开始的时候,并不是所有人都愿意亮明党员身份,党工委以及程老先生等人就一家一户上门谈心、做工作。如今,这些家庭都自豪地亮出各自的党群身份,晒出家风、家教,形成了互相帮扶、互相监督的良好氛围"。

临汾路街道已有一千余个家庭把各自的群团身份亮出来,把家风、家训晒出来,使社区群团组织在基层的依靠力量呈几何倍数增长,彰显了临汾路街道"群团组织力"建设的独特魅力。基层党组织充分利用智能服务系统,以1 912个楼组为阵地,把"居民生活空间居民治"和"百姓生活事情百姓管"的权利交到所在区域的群众手里,利用网络智慧平台的开放性、多元性、快捷性和互动性等特点,让楼组居民知晓社区事情,了解社区生活,自主选择服务,及时提出社区管理意见建议,为社区公共事务出谋划策。

(三)以提升"群众组织力"为核心,突出群众参与社区治理的主体作用

"群众组织力"是临汾路街道"组织力工程"的核心,是街道社区党的群众工作的立足点和出发点。临汾社区"群众组织力"以"民情日志"大数据系统为支撑,通过街道社区干部"进百家门、知百家情、暖百家心",充分了解和把握群众需求,围绕群众普遍关心的社区治理难题,把群众组织发动起来,集中群众智慧,发挥居民主体作

用,让群众从旁观者成为参与者。街道社区党的群众工作机制的完善,实现了从关心少数困难群体向维护多数群众利益的转变。

以"民情日志"精准民生工程为支撑创新群众工作方法。党工委通过创新建立"民情日志"大数据系统,将"民情日志"大数据平台作为"党建网格"信息采集、汇集、分析的载体,把各条线部门各自独立的有关居民"人"和"户"的信息数据进行整合,率先打破了条条、条块分割的"数据孤岛"。同时,临汾路街道将居民区党组织和党员骨干长期以来开展"五必访"活动形成的"一户一表"数据库进行逐一录入,最终建立了覆盖临汾路街道3万多户家庭、近8万人口、53类身份标签、60类服务标签、10类管理标签,集成72万条数据的"数据湖",真正把"民情日志"项目建设成为"了解民情、集中民智、维护民利、凝聚民心"的基础性项目。杨景明主任介绍说,"从2013年8月起,临汾路街道就开始开发临汾社区区域化党建信息综合管理系统,并且着重推进社区民情研判处置专项系统的开发工作,力求对多渠道的民情诉求进行科学汇总和分析"。在党组织的引领搭桥下,街道社区还建立了"民情日志数据应用服务中心",探索数据的持续更新和利用机制,构建起囊括居民基本信息、受助情况、走访记录、参与治理等关键信息的临汾社区民情"数据中心",每年围绕群众需求和中心工作推行"问题清单"机制。街道主动提前整合原有走访数据,同步将区级及街道级13个直观记录群众行为的信息系统数据接入"民情日志升级版"信息系统,积淀的千万级数据全部覆盖社区3.4万户居民家庭、9.1万居民群众,归集了以"人、房、户"为基准的"五个层面"民生数据,提高了决策科学性、系统性、预见性。例如,有民众反映在开具某些证明时规定在工作日前往所属居委会或是派出所,"工作日时间段"就难倒了不少上班族。临汾路街道了解到这一诉求后,依托"民情日志"开发了线上开具证明的功能,民众只需要线上登录"社区云"平台,输入基本信息,几十秒即可开好相关证明。居民们纷纷夸赞道:"本以为需要请假办理的事情,现在只需要线上申请,对我们这些上班族真的太友好,非常方便!"

以提升群众自治意识为抓手让群众成为社区治理的主力军。以居民区党组织换届为契机,加强党组织书记队伍建设,同步把好居委会、业委会组成人员人选关,做实党组织领导下的居委会、业委会和物业公司"三驾马车"。做强居民自治议事会、"三会一代理"等协商议事平台(见图3),在居民区层面吸纳居民代表、常任代表,特别是具有特殊身份的比如党员代表、业主代表、妇女代表、青年代表、团队负责人参与议事决策,将群众意见领袖和"专业型、行业型、专家型"群众骨干吸纳进居委会平安调解、物业环境、民生服务、群团工作、文体活动五个专业委员会,激发其参与社区治理的热情。"组织力工程"实施以来,由于更多家庭亮出了身份,更多党员骨干发挥了作

图3　和源名城居民区运用协商议事平台,形成基层治理大合力

用，得到了群众认可，使党组织、居委会、业委会骨干力量得到充实。居民区"1+3"治理体系的完善，进一步提升了小区综合治理能力。

（四）以提升"社会组织力"为突破，突出区域单位党组织的政治功能

"社会组织力"是临汾路街道"组织力工程"向区域单位和新兴领域拓展延伸的重要方面，也是深化完善临汾区域化大党建工作格局的重要抓手。临汾路街道"社会组织力"建设的关键是以"契约制"和"积分制"为抓手，突出单位党组织的政治功能，将区域单位党组织参与社区治理的情况、履行社会责任的情况、落实政治功能的情况，以及带头拆除违法建筑、带头落实"门责制"、带头优化便民服务环境等方面的责任，通过签订"共建协议"的形式固定下来，量化成可视化、可评估的具体分值指标，并转化成共享社区公共服务资源的积分银行，进一步增强区域各类组织和各类群体共建共治共享的共同体意识。街道社区区域化党建工作格局的优化，实现了从开展社会性活动向构建组织性团队的根本转变。

探索实行"契约制"和"积分制"，推动了区域单位党组织政治功能的具体化。在"组织力工程、共同的行动"框架下，街道与区域内各党组织签订共建协议，用"契约化"和"积分制"明确并细化协议双方的权责，并将区域单位"宣传党的主张、贯彻党的决定、参与基层治理、团结动员群众、推动改革发展"五大政治功能的履行情况转化为区域单位和党员的"组织力积分"。比如，区域单位宣传党的政策、落实"双报到、双报告"制度、落实党员教育管理、参与志愿服务活动、贯彻执行拆除违法建筑、落实消防和食品安全责任、落实"门责制"管理和社区精神文明建设等，均有相应分值。下一步将充

分发挥信息化的技术优势,通过发放"临汾市民卡",探索建立"积分应用体系"。建立"积分应用体系",还推动了区域单位党组织政治功能的长效化。单位和党员群众以"组织力积分"抵扣或换取社区公共服务资源的使用时间,进一步提高了区域单位党组织和党员履行"契约制"和"积分制"的积极性,区域单位的"社区共同体"意识得到明显提升。

三 临汾经验:多维强化组织引领,注入治理"红色力量"

(一)以增强组织力为核心,维护基层党组织权威

基层党组织在社会场域中的领导权威是贯彻落实党中央政策、将社会主义制度优越性转化为社会治理效能的基本要求,是夯实中国共产党在基层执政基础的关键所在。因此,要不断增强基层党组织的领导力、组织力、号召力、凝聚力,提升民众对于基层党组织的认可度,稳定组织治理权威。临汾路街道党建一是在组织架构上,注重完善与创新基层党组织运行机制,推动党组织标准化、规范化、制度化建设。二是在组织队伍上,着力选好"带头人"。基层党组织书记作为党中央在基层落实工作和服务群众"最后一公里"的"形象代言人",其行事作风关乎群众对党的评价与信任。因此,选优、配强,持续加强对各基层党组织书记的教育培训,有助于真正培育一支政治素养强、工作水平强、宗旨意识强的组织带头队伍。

(二)以服务群众为根本,提升组织治理的绩效

"全心全意为人民服务"是中国共产党的宗旨,密切联系群众是党的优良作风,党的所有工作政策都是为了满足人民群众对美好生活

的向往，要坚持"把人民拥护不拥护、赞成不赞成、高兴不高兴、答应不答应"作为衡量一切工作得失的根本标准。对于基层党组织临汾路街道来说，将传统党建与现代化社区基层治理相融合，就需要精准满足群众诉求，通过实践调研、深入走访等方式了解和掌握社区群众的日常生活需要，注重通过信息化、智能化等技术手段完善社区群众诉求收集和意见反馈机制，为群众提供更加精准、完善的服务项目，满足社区群众日益多元化的现代需求，提升党建引领社会基层治理的成效，贯彻从群众中来、到群众中去、一切为了群众、一切依靠群众的群众观。

（三）以提高队伍素养为关键，强化组织治理的能力

紧抓基层党员队伍管理，是党保持先进性、纯洁性的重要经验之一，也是加强党的自身建设的关键内容。党员队伍承担着宣传党的理念、落实党的政策、教育和团结群众的重要责任，党建引领基层治理的能力与党员队伍素质有着直接的、正向的联系。临汾路街道以提高基层党员队伍素养为关键，磨炼党员党性，不断强化组织治理能力，从外部刺激与内在动力两个方面展开：一是完善队伍激励保障制度，包括科学合理的评优制度、简单易用的选拔制度、温暖亲切的关怀制度，等等。通过外界的激励制度，激发党员队伍创业干事的热情，能让党员队伍在工作中更有期望、有盼头。二是加强对党员的教育培训，提升思想道德素养。除了党员队伍的思想教育，还应重视党员队伍的专业素养，提高法律知识、工作方法、社区管理等方面的培训比例，进一步提升基层党员的政治素养和履职能力。在日常工作中，尤其要注意充分发挥党员的先锋模范作用，以点带面，扩大党组织在群众中的影响范围，强化组织治理能力。

（四）以构建区域平台为基础，整合组织治理的资源

区域平台的构建有利于各主体资源的互通互融，实现资源共享、区域共治、结果共赢。构建区域化大党建平台关键在于区域内党组织的对接互动，防止出现"貌合神离"的问题。临汾路街道在党建工作中，一是注重健全区域化大党建的运行机制，从制度上保障区域化大党建平台的正常运行，以制度的形式将驻区单位、"两新"组织等各类基层党组织吸纳到区域党建工作架构中。二是注重丰富群众自治渠道，凝聚群众自治力量。基层党组织要善用群团组织、志愿者组织等社会群体，通过政府购买服务、"项目制"、社区活动等形式，吸引社会各类群体广泛参与基层治理，形成党建引领、社会各类主体共同参与的基层治理格局。

（五）以提升数字算力为途径，挖掘数据服务的潜能

临汾路街道在全面整合、整体运用、立体运行、深度融合、科学分析"一线基础大数据"的基础上，充分运用互联网、人工智能、区块链、云计算和大模型等现代信息技术打造了"数字驾驶舱"，进一步提升信息运算的"算力"、深挖"数据"背后的价值，在社会动员、资源链接、点位选址、工作分析、服务找人、安全评估、风险预警、应急救援等领域全方位应用，街道社区服务由原来的"群众跑断腿找人求服务"变为"数据内部运转服务等人"，提高了基层社区规范治理、科学决策的现代治理水平。

撰稿人：徐雨佳　徐学通

街区融合：共建美好家园

习近平总书记在党的二十大报告中指出，"基层民主是全过程人民民主的重要体现"，要"坚持大抓基层的鲜明导向"，"加强城市社区党建工作，推进以党建引领基层治理，持续整顿软弱涣散基层党组织，把基层党组织建设成为有效实现党的领导的坚强战斗堡垒"，"各级党组织要履行党章赋予的各项职责，把党的路线方针政策和党中央决策部署贯彻落实好，把各领域广大群众组织凝聚好"。

在加强基层党组织建设过程中，临汾路街道按照党中央的部署，在上海市委市政府、静安区委区政府的领导下，不断增强党组织政治功能和组织功能，把巩固和扩大党的执政基础、组织自身建设和实现人民对美好生活的向往相融合，作为一切工作的出发点和落脚点。坚持从街区实际情况出发，分析问题、解决问题，以党建为抓手，发挥党组织主导和桥梁纽带作用，协同多方主体进行联动，广泛融合各种资源，推动基层群众积极参与社会治理，构建人人参与、共享共治的美好家园。

一 党建"小网格"引领基层"新治理"

近年来，静安区临汾路街道始终践行"人民城市人民建、人民城市为人民"重要理念,积极探索党建引领协同共治机制,激发各类社会组织和群体参与基层治理的积极性,构建人人有责、人人尽责、人人享有的基层治理共同体,取得了一系列显著成效。以临汾路街道第三街区为例,第三街区小企业联合支部委员会成立于 2011 年 6 月 1 日,至今已有 10 余年的发展历史。党支部管辖区域东至阳泉路,南至汾西路,西至岭南路,北至宝山区交界。辖区内有三横四纵 7 条马路,沿街商铺共有 325 家,从业人员 1 500 多人,辖区内各级党组织有 21 个,其中"两新"党组织 10 个。街区作为街道与社区、居民的衔接桥梁,充分发挥承"上"启"下"的功能,日常工作主要分为两部分:一部分是及时完成街道各部门分派的任务,另一部分是围绕街道的中心工作以及各时段工作重点,再结合本街区的实际情况,策划开展具体活动。

临汾路街道第三街区作为"五级党建网格"中的重要部分,在党建日常工作中主要侧重三个方面:一是推动区域化"大党建";二是重视"两新"组织党建;三是打造"街区共同体"理念。在街道党工委的领导下,为实现基层党组织的组织覆盖和工作覆盖持续探索适合街区党建的新模式,先后总结出三种街区党建的工作模式,极大地提升了党组织引领基层治理的效能。

(一)组织互动新模式

第三街区党支部书记熊建平介绍,区域化大党建的建设重点在于"互动"——上级与下级之间互动、同级党组织之间互动、党组织与街区商家互动、党组织与社区居民互动、街区商家与社区居民互动。组织与组织、组织与个人、个人与个人之间只有互动,才能使基层党组织的党建工作运转起来,工作成效才能在实际运转中得以体现。多年来，在街区党支部的引领下，第三街区开展了形式多样的"互学、互促、互进"活动，形成了"街区-居民区-驻区单位（企业）"多方联动的工作模式，切实将"共创、共治、共享、共赢"的社会基层治理目标转化为现实行动，开创了"上级党组织为下级党组织服务、基层党组织为党员服务、各级党组织和党员为群众服务"的新局面，始终坚持党的群众路线，"从群众中来，到群众中去"，提高了服务功能、服务能力，扩大了民主程度，提升了群众对党建工作的满意度，并将服务常态化，让社区居民群众感受到党和政府的关怀与温暖，推进区域内党建工作共同提高。

熊建平书记提到，"我们了解到上海和养临汾养护院每月为老人过生日比较单调，老人们日常生活比较平淡，因此想借生日之际，让老人在品尝蛋糕的时候，也能够获得精神的愉悦。说句直白的话，就是生日的时候，希望能够热闹一些，搞搞文艺活动，接触接触不同的人，开展一些唱歌、跳舞的节目，让老人们能够感受到生活中不一样的愉悦。街区党支部了解到这个需求以后，就开始联系辖区内的居委会。我们这里的居委会，一般都有居民的兴趣艺术团队，他们平时自己依据兴趣爱好组建团队，除了自娱自乐之外，他们编排节目后也希望有个平台展示。这样我们就通过党支部和居委会，让社区兴趣团队与养护院老人之间长期互动起来。一方面丰富了养护院老人的生活内容，另一方面也促进了社区兴趣团队的发展，他们每次表演的节目要更新，也督促了社区兴趣团队的自我管理和自我提高"。

最终第三街区党支部策划牵头，整合辖区内 7 个居民区的资源，各种兴趣队伍，如舞蹈队、秧歌队等轮流每月在该养护院开展一次文艺演出。为了保证活动的长期有效开展，街区党建还搭台举办了签约仪式，规定演出内容要形式多样，节目要丰富精彩。该活动主题定为

"欢乐温馨家园,祝您健康长寿",以街区-居民区-企业互动的形式,让老人体验老有所依、老有所乐的晚年生活(见图1)。

图1 第三街区党支部牵头策划"爱老敬老"主题活动

构建利益共同体,人人参与解难题。围绕"人民城市人民建,人民城市为人民"的主题,街区结合辖区内的21个党组织,开展了一系列活动,并结对签约互学共进协议书,街区设立了"商议厅",共同努力、共同商讨、解决难题、服务民众(见图2)。如整治阳曲路餐饮街后巷的脏乱差的问题,涉及21家社会企业,环境的好坏与他们企业整体经营状况息息相关。因为以前疏于管理,遗留下来了脏乱差的历史问题,第三街区党组织在了解整体情况后,通过"商议厅"平台,先后和21家社会企业沟通协调,最终在街区党组织的整合协调下,所有涉及的商家同意每家每月出资100元,集体出资逐步改善全体商家的经营环境，最终把脏乱差的后巷环境彻底整治。熊建平书记介绍，"当时商定每月每家100元，一是让每个商家不会感觉到自身负担太重，二是也让每个商家感受到环境的改善有自己的一份功劳，三是环境的改善对每个商家都有好处。街区党支部，通过'商议厅'的方式，先后顺利解决了居民与老丰阁的油烟扰民、店铺房东与租户的租金矛盾、好邻居的噪声扰民等问题"。

图2 "商议厅"共议难题

民有所呼，我有所应。结合居民需求，街区党支部以党建为引领，积极搭建为民服务平台，还举办了"九九重阳节、浓浓敬老情"等系列活动。除此之外，通过挖掘与整合街区资源，党员干部的多次走访谈话，街区组建了餐饮保障、美发服务、医疗救治三个"便民服务队"，开展"发挥党员先锋，共筑健康家园"医疗咨询活动，"为老、尊老、爱老"理发活动，以及组织"家常菜进社区"的美食厨艺活动等（见图3）。临汾路街道紧扣党建引领"主抓手"，引导社区党组织、行政职能机构、区域单位等多元主体共商共治。

图3 阳曲路570弄"家常菜进社区"活动

（二）服务群众新模式

为人民服务是党的根本宗旨。党支部是党的基础组织，担负直接组织群众、动员群众、凝聚群众、服务群众的职责。作为党的战斗力的基础，基层党组织必须"以服务群众、做群众工作"为主要任务，全面提高为民服务"软实力"。基层党组织的建设要始终坚持"为民服务"的基点，想群众之所想，急群众之所急，真心诚意为群众办实事、办好事。熊建平书记介绍说，基层党建最重要的工作就是"服务"。基层党组织只有以服务人民为动力，党员干部满怀深厚感情为群众开展工作，始终做到全心全意为人民服务，把群众的点点滴滴"小事"当作自己急需解决的"大事"，通过具体扎实的工作解民忧、维民利、享实惠，才能使社区居民安居乐业，共享改革发展的成果。

街区党建工作与其他组织党建工作的主要区别还在于，重点做好"两新"组织党建引领工作，满足"两新"群体所急切的需求。临汾路街道"两新"党建的建设，侧重于组织和工作双覆盖。多年来，临汾路街道能够拥有如此显著的基层治理成效，其背后透露出的最简单、最质朴的经验，就是基层干部的"摸排走访"，形成了走访—沟通—解决—反馈—再走访的服务流程。最真的情况在基层一线，最实的情怀在田间地头。街道党组织平日里经常联系驻区单位党组织，走访摸排驻区单位与"两新"组织的情况，帮助解决驻区单位、"两新"组织的需求。

蔡先浩是临汾社区升辰美业的老板，他强调，临汾路街道特别注重对新组建的"两新"党支部的日常帮助和指导。"自己在刚刚开店时，经常会遇到街道领导前来走访，会问'你们在做生意当中有没有困难？子女读书上面是不是需要帮助'诸如此类许多'贴心窝'的话。以前街道人员到店里，通常都是检查，我们看到这些人就害怕，心里发慌，感觉是对立的关系。现在完全不一样了，我们现在看到他们，心理上完全转变看法了，把他们从以前的监督管理的角色看成一个服务我们的角色（组织）。他们不是为了为难我们的，而是为了帮助解决我们的困难和促进我们发展来的。这一下子就让我们觉得找到那种家的感觉、被爱的感觉、关心的感觉，让我们这些'外地人'初到上海大都市，没有被嫌弃的感觉了，没有自卑的感觉了，感觉自己也是街道大家庭的一份子,自己应该为大家庭的建设贡献一份微薄之力,把街道当作自己第二个家来建设。"蔡老板补充说:"自己现在也变成一位'老临汾',有时候都有一种'主人翁'的感觉。"新旺美食林的老板俞迎春也提到自己在创业过程中受到了街道组织的很多关怀与帮助。2000年,怀揣500元现金的俞迎春夫妇从崇明来到岭南路开起了小饭馆,起初人生地不熟,选址、办营业执照、装修、招员工等都得操心。街道党组织十分重视这些新入驻商户的需求,主动帮他们"落地生根"。"当时办理执照,我不知道需要哪些材料,街道工作人员替我列好清单,工商执照、酒类执照、食品许可证等,一次性准备好材料办理成功。街道也帮忙牵线,为我介绍了员工,帮他们办理了暂住证,我的小店这才经营了起来,这让我感受到临汾社区大家庭的温暖。"俞老板诚恳地说,"是组织培养了我,熊建平书记不仅是我的入党介绍人,也是我成长路上最关键的人物。"

临汾路街道第三街区坚持在走访中发现问题、解决问题,在与群众的沟通交流中宣传党的方针政策,及时了解区域内"两新"组织、驻区单位的基本情况和信息,做好沟通与桥梁工作,上报他们的建议并及时反馈,帮助有条件组建党支部的"两新"单位,指导他们成立党支部,已帮助两个"两新"组织成立党支部(沪中物业、上海盛德护理院)。此外,街区党组织还在"新"群体中挖掘、培养优秀先进人员,从2015年至2023年7月,共发展了5位"两新"党员,另有3位递交了入党申请书,最近的一位是2023年6月12日递交入党申请书。

(三)共治共享新模式

第三街区党群服务站坚持党建引领,结合街区特点,聚焦重点领域，为打造"街区共同体"积极开展各项工作。第三街区作为临汾路街道管辖区块最大、街面商铺最多、人员流动最广的区域，各个条线的管理难度较大。为此，熊建平书记充分发动党员群众，投身街区建设。

模式一：党建"千里眼"。突出党员模范带头作用，推行"路段长"制度。明确街区党支部内所有党员均为各店面及周边路段的路段长，在"门责制"自治管理小组的基础上，采取"按路分段，设组建网"的"路段长"制，积极走访挖掘资源，在党员的示范作用下，动员商家志愿者积极参与街区管理。目前街区已建立20个"门责制"自治管理小组，设立了20位路段长，分管街区的20个路段，形成"1+20+N"的网格化精细管理模式。"1"指的是街区党支部书记；"20"指的是20位路段长，这里面有党员、有群众，他们都是在自己店面周边具有较高认可度与认知度的人，均是街区党支部在日常走访、工作中挑选出来的"中坚力量"；"N"指的是街区内所有的群众、商户、设施等。书记—党员—群众三层党建网格工作架构，推动临汾路街道第三社区向着人人奋斗、人人参与、人人享受的街区共同体迈进。

作为"路段长"一员，蔡先浩提到在台风暴雨季节，自己都会认真检查各自路段店招店牌、高空的安全状况，及时消除隐患。"有了这个身份后，感觉自己身上承担的责任又重了一些，非常希望自己的街道能够平平安安。"在创建文明城区复评期间，"路段长"们带领员工积极清扫街面，擦洗公交站、路边的栏杆、电信箱等公共设施，确保环境整洁；平时发现突发事件，他们均能及时处置或上报。比如，在2023年静安区进行文明城区测评期间，俞迎春在检查路段上各店铺时，发现以前区里发的文明静安消毒记录的展示牌子中的禁烟标志没有画上电子烟。虽然只是一个小小的符号，但他立刻向街区熊建平书记反馈情况。之后牌子进行了重新制作，现在所有商铺均已添加电子烟禁烟标志。"路段长"们用实际行动诠释党员的责任与担当，生动践行了"人民城市人民建，人民城市为人民"的重要理念，在党建引领下形成了同心同德、人人参与、齐抓共管、相印街区的新面貌，达到共建、共管、共治、共享的新局面，为建设美好临汾、幸福临汾作出了贡献。

模式二：服务"能量源"，助力服务"两新"群体。在党建引领下，街区所有党员商家都已设立"户外工作者防暑降温休息点"。目前，本街区共有8个防暑降温休息点，为新就业群体提供休息小憩场所，为户外劳动者免费提供纯净水、酸梅汤、绿豆汤等防暑降温饮品，还免费提供饭菜加热、手机充电等服务，以及风油精、口罩、护伤膏、防暑驱虫香囊、休息桌椅等物品和设施。他们用实际行动为新业态、新就业群体提供热情服务。在党建引领下，街区积极开展共治共管共同行动的活动，努力打造共治共管共享局面，为美丽城区、美好临汾建设积极开展工作。

二 深化党建引领凝聚治理合力

（一）夯实基座：以高质量党建推动基层高质量发展

首先，构建党建"共同体"，提升党建"向心力"。街区-居民区-单位（企业）的党建工作模式推动了临汾路街道与驻区单位、企业共驻共建、共治共享，打破行业壁垒，实现资源融通，有效形成与推动了驻区单位与街道党建工作互联互动、融合发展的整体性体系，构建了区域化大党建的一体化格局。在第三街区党支部的牵头下，众多商户、单位围绕党建这个最大"公约数",开展了形式多样的交流互助活动。例如,爱心酒家麦盛莉给辖区内7个居民区送去了长寿糕和水果;新旺美食林酒家定期邀请社区孤老进店聚餐,在中秋节、重阳节、春节等重要节日进行庆祝;田家炳中学组织学生为上海盛德护理院老人送花,献上祝福等。三方联动的工作模式加强了临汾路街道辖区内各党组织的横向联系与纵向联系,实现党建资源、行业资源跨领域、跨专业、跨区域融合,进一步提升了区域内各组织的凝聚力与向心力,把个体、企业、单位的资源禀赋通过党建引领的组织优势,持续转化为区域化协同共建的发展优势。

其次,打通服务"临界点",提升党建"亲和力"。第三街区党支部通过整合辖区内各部门优势资源,倾力打造了三支便民服务队,打通服务群众的"最后一公里",为区域内居民群众提供政策咨询、志愿帮扶、医疗协助、文体活动等贴心服务,真正做到"为民办实事"。蔡先浩作为美发便民服务队的队长,多年来一直坚持为社区孤老免费理发。他说:"我们美发人虽然只是凭借一把小剪刀,但确实满足了社区困难老人的诉求。每个人都是有自尊的,哪怕自己生病了,也有对自身形象的追求。""当时在街区党建工作的引领下,我号召周围18家理发店成立了'美发爱心服务联席会',老人凭'美发券'可以到这些理发店免费理发。""除了来店免费理发,对于一些行动不便的老人,我们还提供上门理发的服务。对于上门理发的员工,我都向他们提两个要求:一是进门前穿好鞋套;二是出门前打扫干净头发,带走垃圾。因为我认为'爱心'应该是全方位的表达,力所能及的事情都应帮一帮。"蔡老板十分自豪地说:"许多老叔叔、老阿姨都到我这里剪头发,甚至有些四世同堂的家庭都认准我这里。因为我是凭一颗感恩的心在做事,对得起自己,对得起职业,对得起这些顾客。"提供上门理发服务的对象还包括敬老院的老人、独居老人、残疾人等（见图4）。虽然理发只是一件小事，但其彰显了临汾路街道第三街区党组织将党建服务群众抓在日常、融入日常、重在日常，做到件件有落实、事事有回音。

图4　老人免费理发服务

最后，吸纳新人"同治理"，提升党建"号召力"。一个党员就是一面旗帜，一个支部就是一个堡垒。临汾路街道第三街区充分发挥党员的先锋模范作用和"两新"组织的集聚优势，引领"两新"群体主动融入文明城市创建、社区服务、环境整治等基层工作，不断巩固和提升基层治理效能，打造基层治理的"红色长城"。例如，在所有党员商户里设立"防暑降温休息点"；在抗击新冠肺炎疫情期间，在街边商铺里选取了11位人员组成信息摸排队；组建"公勺公筷"督察队，确保公共卫生安全等。街区内的"两新"组织党员自发号召周围群众参与基层治理,组织快递员、外卖员、网约车司机等新就业群体到所在社区报到,引导他们当好社情民意"信息员"、精神文明"宣传队"、服务群众"志愿者"。

(二)稳中求进:提升党建引领基层治理能力的关键抓手

其一,领导干部能力是提升解决问题有效性的关键。党建引领基层治理的关键在于提升基层领导干部的能力,特别是解决问题的能力。街道党建工作涉及市场、社会、机关单位等多方主体,社会性因素与市场性因素并存,推动街道党建工作需要领导干部对现代社会经济发展趋势、基层治理体系、管辖街区特色综合开展系统思考,不断提升基层领导干部的组织能力与决策能力。首先,干部能力来源于对先进理论的学习。熊建平书记提到,街区党支部十分重视理论学习,每年都规定学习重点,有计划地进行理论武装。其次,干部能力来源于调查研究。"没有调查,没有发言权。"对策不是靠嘴巴说出来的,而是靠脚掌奔波走访出来的。只有了解实情,才能对症下药,真正做到问计于群众、问计于实践。

其二,党员队伍素质是形成共建共治整体性的基础。临汾路街道在社会治理的工作中,探索出了一条发扬"红色精神"与基层党建相结合的党建引领新模式,实现了基层党建与街道发展的同频共振、相互促进。熊建平书记谈到,在日常的街区走访过程中,他注重挖掘可用人才,把有潜力的、优秀的个体商户培养成党员,让党员成为支撑街区发展的骨干力量,通过党员这个"中间媒介",把"践行初心""担当使命"等伟大建党精神与"乐于奉献""团结友爱"等中华传统美德融入区域化大党建、街区共同体的建设。俞迎春就是临汾路街道培养和发展的"优秀党员"。俞迎春先后获得"上海市社会主义精神文明好人好事""上海市红十字会优秀志愿者"等荣誉称号,其家庭还被临汾路街道评选为"最美家庭"。

一个党员一盏灯,一个党员一面旗。熊建平书记回忆,"在抗击新冠肺炎疫情的过程中,街区内的一位老党员联系到自己,提供了一万元的捐款。老人家说自己年纪大了,没办法像前线人员一样冲锋陷阵,希望用这些钱购买一些毛巾、消毒水、雨伞送给前线工作人员。优秀党员的先锋模范行为不仅影响、教育着广大居民群众,而且有力推动了街区基层建设和各项工作的开展。街区内的党员扎扎实实做好本职工作,立足岗位,为街区建设贡献自己的力量,为其他员工群众做出榜样,高素质的党员队伍是临汾路街道取得良好治理成效的关键因素"。

其三,网格管理细化是调动群众参与积极性的基础。"街区要负责的工作很多,我一个人肯定是忙不过来的,需要大家共同努力才行。"访谈中熊建平书记不止一次提到,街区治理能取得如此成效,离不开"门责制"的自治管理小组,离不开20位"路段长"的协助管理。第三街区层面形成的"1+20+N"的网格化精细管理模式,通过"按路分段、设组建网"的方式,实现了条块融合在网格、毗邻参与在网格、问题解决在网格。

三 临汾经验:基层党建要做好"一拓二促三推进"

作为党组织的"神经末梢",街道党建工作的难点在于其复杂的生态环境与多元的治理主体,必须做到"因地制宜"制定政策、开展工作,要坚持将党建工作与街道实际状况和群众的实际需求相结合,切实解决群众急难愁盼问题,服务群众之所需,消除群众之所难,提升基层治理的时效性与科学性。

（一）拓展多元参与主体，构建共治新平台

一个好的社会，必然是多方主体共同参与的社会，必然是充满活力、可持续发展的社会。临汾路街道第三街区紧扣党建引领的"主抓手"，将街区、居民区、驻区单位、企业等主体进行联动，整合医疗、餐饮、教育等资源，打造党建引领多主体、多平台融合发展综合服务建设，搭建基层社会治理多元共治平台，建立健全以"党建引领、多方联动、隐患排查、群防群治"为核心的多元治理体系，进一步激发出基层治理的活力。与此同时，在党组织引领下，民众在参与治理的过程中达成共识、共创价值，既彰显了人民群众在社会治理中的主体地位，又切实提高了民众获得感与满意度，推动党建工作、群众工作、治理工作的多重提升。

（二）促进基层群众自治，凝聚治理新力量

引领服务发展好新业态、新就业群体是基层党建工作的重难点问题。临汾路街道第三街区以第三街区党群服务站为载体，广泛吸纳辖区新就业、新业态党员、商户党员。通过组建"餐饮、美发、医疗"三支便民服务队伍，为"两新"群体提供多元丰富的服务；打造"新心"驿站，积极动员党员、辖区各商户单位为"两新"群体提供饮水、手机充电、休息放松等诸多免费服务，让他们感受到"家"的温暖，增强幸福感和归属感。与此同时，积极发挥新就业群体走街串巷、熟悉社情的优势，引导和鼓励他们在民意传达、市政设施报修等方面发挥作用，把各基层群体从社会治理的"旁观者"变成"参与者"，发挥多元主体在社会治理中的协同效用，让"新"群体汇聚成"新"

力量，为基层治理注入"新"动能。

（三）推动有效服务日常化，提高群众新认同

基层党组织要善于调动民众自治的热情，鼓励更多的群众参与基层治理，提升群众对所在集体的认同感与归属感，才能保持良好的社会治理成效。虽然临汾路街道第三街区党支部平时工作解决的都是民众之间的"小"问题、"小"矛盾，却产生了"大"社会效益与"强"心理归属感。其中，关键在于两点：首先，基层党组织要贴近民众。临汾路街道将党组织建在群众身边，建在马路边，领导干部在日常走访谈话中积极发展街道商户成为党员，这使基层党组织、党员可以被老百姓"找得到、看得见、摸得着"，拉近了党建工作与居民日常生活的距离，不仅有助于党员干部及时了解群众情况，也畅通了居民向上反馈的信息渠道。其次，组织权力的运用要贴近民众。凡涉及基层群众公共利益的决策，或引发社区居民公共矛盾的难题，都应由党支部牵头，联系民众共同解决。临汾路街道第三街区设立了商议厅，在商议厅征求民众意见，进行民主讨论、民主决策，事后还邀请基层民众进行监督，充分做到"权为民所赋，权为民所用"，让群众在充分行使自己权利的同时也能感受到党组织的关怀与尊重，提升了群众的"街区共同体"意识。

撰稿人：徐学通　徐雨佳

党建引领：共建红色家园

党的十八大以来，习近平总书记高度重视基层治理。2019年，习近平总书记在中央和国家机关党的建设工作会议上指出，"只有持之以恒抓基层、打基础，发挥基层党组织战斗堡垒作用和党员先锋模范作用，机关党建工作才能落地生根"。2022年，总书记在党的二十大报告中指出，"推进以党建引领基层治理"。2023年，总书记在参加十四届全国人大一次会议江苏代表团审议时强调，"基层治理和民生保障事关人民群众切身利益，是促进共同富裕、打造高品质生活的基础性工程"。

临汾路街道在党建引领下激活了居委会、业委会和物业三驾马车的治理效能，落实了党中央对于基层治理的顶层设计，通过创新型网格化管理搭建基层党组织的战斗堡垒，在精神文明建设中强化基层政治认同。三驾马车以党建引领为核心，以扎实可靠的调查研究和深入人心的思想工作来共商多方联动的策略，真正在民生服务等方面为社区居民办成了实事，创建了美好宜居的红色家园。

一　底气：在精神文明建设中塑造政治权威

中国共产党将"人民对美好生活的向往"作为奋斗目标，致力于推动"人的全面发展"。如今，人民对美好生活的向往更加强烈，特别是其精神需要日益广泛，涵盖了公平、正义、安全、环境等各个方面。因此，党建引领的基层治理工作必须不断优化精神文化公共产品和服务供给，既要满足居民在教育、娱乐、公共生活上的追求，也要帮助居民实现人际关系的和谐与精神生活的充实。为了完成这两个方面的任务，首先需要有坚实的治理机制作为基础，方能让基层党建工作者具有"底气"。临汾路街道的"网格化管理"正是党建引领基层治理的底气所在。

总体而言，临汾路街道层层搭建"微议事"平台和机制，推动党建引领基层民主协商常态化长效化。街道层面，充分打开"两代表一委员"、党员先锋等各类建言献策的渠道，组建行业党建联盟，凝聚街区共同体，引导多方主体共商共治，实现"条块融合在网格、毗邻参与在网格、问题解决在网格"。楼组层面，遴选网格楼组负责人，强化居民邻里日常联结，围绕小区治理综合问题，调动居民集思广益，形成具有针对性的解决方案。阳曲路760弄原居民区党总支书记章旨卿通过调研确信："'网格化管理'可以搞。""网格化管理"意味着凝聚多方力量，纵向到底、横向到边，把物业、居委会、业委会、群众代表和相邻的企业单位"拉进一个网格里"，"拧"成一股绳。

（一）社区精神文明建设，需要党建引领宣传

2 652户居民不是说"拧"就能"拧"的——如果没有党建引领下的社区精神文明建设工作的有效开展，后续工作的推进就不会如此顺利。其中，党建引领下的基层宣传工作不可或缺，只有做好党建引领宣传工作，方能把精神文明建设统筹到党的思想建设工作中去。

章书记很重视小区内主干道旁的宣传栏，宣传栏平均每季度都要

根据党的方针政策更新一次。居民们散步时喜欢看看宣传栏,党建引领以"润物细无声"的方式,浸入居民们的生活。"我觉得,作为一个居民区的党总支书记,是需要有一定政治敏感度的,这样才能凡事都有预见性,作出有远见的决策。"这也是临汾路街道党建引领宣传的一个缩影:严密宣传部署,开掘宣传资源,紧贴百姓生活场景,把宣传工作做细做实。

除此之外,党员自身发挥带头模范作用,则能"桃李不言,下自成蹊",这是临汾路街道落实正面宣传的又一条经验,党员同志冲在第一线承担风险和责任,让人民群众自然而然受到教育和感化。临汾小区业委会主任陈有马就是这样一位把自身利益放在人民利益之后的基层工作者,一位兢兢业业、克己奉公的党员(见图1)。陈主任家住二楼,身子利索,上下楼不怎么费力,加装电梯反而会遮挡他家的光线。但他深谙电梯对于整个社区内大部分老人的意义,更明白自己作

图1 业委会主任陈有马介绍红星微论坛

为一名党员的职责，对于"加装电梯"，他二话不说，带头同意。陈有马坦言，"是是非非，大事小事，党总支、业委会和居委会确实做了许多"，他说这话时不仅嘴角上扬，更是情不自禁加了一句："我自己确实感到欣慰。欣慰的是作为党员，能在退休后继续为居民服务。"党建引领宣传，不需要多大的阵仗，只需要每一位基层党员的奉献。

（二）社区精神文明建设，需要党建引领公益

党建引领下有爱心的社区公益可以跨越治理与被治理者的界限，引导社区居民成为主动的贡献者和社区中负责任的一员。一个社区治理得好不好，要看这个社区里的特殊困难人群是否得到了基本保障。临汾路街道独居老人多，困难户多，残疾人口多。2011—2015年，章书记负责的小区每年开展"四心活动"，为居民送温暖。章书记解释，四心分别指爱心、贴心、暖心、凝心。在这里，除了可以看到常见的爱心捐款活动、爱心义卖活动，更有一些用心的设计。比如，每年8月的捐款会作为助学金资助困难家庭的孩子，他们或是父母生病无力照看，或是自己生病缠绵病榻，抑或双亲离异内心孤寂……"这些孩子，很容易一不小心'滑'向不好的一面。"因此，直到他们大学毕业、找到工作之前，阳曲路760弄都会资助他们上学。事实上，爱心不仅能"供"他们上学，更能激励他们奋发图强。"捐款只是手段，真正的目的是让他们摆脱自卑，培养出坚强的个性来。所以，我们每次都要像'颁奖典礼'一样举办仪式，让孩子们自信、自豪地站到舞台中央拿助学金。仪式前后会有文艺表演，一般每场都会有200多人观摩。这样一来，孩子们才会有信心！"章书记说起这个特殊的"颁奖典礼"，语速都禁不住加快了些许。

党建引领社区主体共担责任，还需要出实招、巧用力。章书记

就曾在"美丽家园"建设工作中找到为社区困难群体就业提供帮助的方法。比如,加装电梯初期,居民楼外墙脚手架密布,给不法分子可乘之机——他们大多在夜间借助脚手架入室偷窃,光线昏暗,不易被监控察觉。那么,如何才能在夜间守好居民的财产安全呢?除了加强门禁管理之外,章书记想到组织社区内的失业青壮年进行夜间轮守,并为他们争取到一定的补贴。如此,不仅为社区的夜间安全加了一层保障,还为困难群体增加了收入,更让困难群体对自己的社会价值重燃信心。章书记说:"后来,再也没有出现过借助脚手架入室盗窃的事件,居民们可以安心了,夜间轮值的志愿者们也非常乐意为社区做一点事。"

用爱心铸信心,背后是整个社区的苦心和用心。而整个社区的力量要凝聚起来,要让邻里们愿意支持公益事业,就需要有一个强有力的领导以及强有力的组织。这就是党建引领公益的必要性所在。

(三)社区精神文明建设,需要党建团结先进榜样

事实上,社区基层工作者对社区精神文明建设工作考虑得很细致,不会因为照顾弱者,就忘记去鼓励那些在生活中奋斗的人。在阳曲路760弄内,党总支会定期评选"优秀党员",党支部评选"优秀党务工作者",行政班子则会定期评选出"尊老家庭""敬老好儿女""优秀志愿者""优秀楼组长"及"患难夫妻真情意"模范夫妻。"'患难夫妻真情意'是指一方生病,另一方不离不弃且始终在身旁照顾的。其他的优秀称号也都需要有事迹才能获评。""如果听到哪个被提名尊老家庭和敬老好儿女的候选人和家里老人吵架了,那肯定取消资格。这不行的,肯定要取消!"章书记反复强调先进评优的要求之严和"回头看"的监督之举。这意味着评优不是简单地对过去进行肯

定,更要对未来进行鞭策,让先进者不忘初心,踔厉奋发,让暂时未获评的居民们见贤思齐,不断提升自身素质。党建引领基层治理要把为群众服务和引导群众结合起来,在阳曲路760弄的实践正是党建引领精神文明建设的缩影。

这种激励是非常细致具体的,深入日常生活中的边边角角,如同编织一件毛衣,边角处妥帖了,整件都让人感到舒服。阳曲路760弄将"可爱妈妈,可敬爸爸"这一对荣誉称号,专门颁发给智力残障人士的父母——"这些父母可能从未听孩子说过'谢谢'。那么,我们替他们说。"一张荣誉证书代表着公理和良序,代表着期待和鞭策,更代表着党建引领下的社区有温度和暖意,有发现每个人价值、挖掘每个人生命意义的潜力。这是对不平凡的平凡人最好的肯定,是用公共的爱心去弥补个体生命中一些偶然的遗憾。

德不孤,必有邻。社区文化认同在党建引领下逐渐建立起来,居民、物业、居委会、业委会不知不觉做到了听党话、跟党走,正如760弄居委会主任张莉所言:"居民和我们'三驾马车',都是一体的。"

张主任所说的"一体",是一种有机的、自然的、交心的融合。毕竟,党建引领基层治理作为全过程人民民主的下沉式重要环节,需要所有参与者都具有良好的信仰和素养。因此,党建引领离不开精神文明建设。做好基层精神文明建设,才有面对真问题、解决真问题的底气。

二 锐气:党建激活"三驾马车"治理效能

为了提升城市基层治理效能、满足人民群众对美好生活的向往,进而巩固党的执政基础,街道党建工作须坚持以人民为中心,将目标从"有没有"向"好不好"转变。从中国现代化转型的发展经验来看,基层党建是一项系统工程,涵盖了多元主体,涉及诸多观念和利益分歧,需要系统协调配合才能最大程度满足每位居民的个性化诉求。在"红色家园"这样的大工程面前,社区各成员之间难免有不和之处。如今气象明净、秩序井然的临汾社区告诉我们,这些问题都得到了较好的解决。归根结底,是党建引领发挥了政治功能,运用党的组织力和凝聚力聚拢多元力量,构建形成了党建引领下"共建共治共享"基层治理新格局,完善了网格化管理、精细化服务、信息化支撑的基层治理平台,把党建和政法综治、民政、城管、信访、市场监管、卫生健康、应急管理等网格合成一张网。而这张网中,党建引领下的物业、居委会和业委会是跑在一线的"三驾马车"(见图2)。

图2　阳曲路760弄"三驾马车"会议

临汾路街道的"三驾马车"是如何在党建引领下凝心聚力并真正做到因地制宜创新社区治理的呢?

(一) 调查研究是第一步

调查研究是谋事之基、成事之道,是获得真知灼见的源头活水,是做好工作的基本功。党建引领之所以能够激活"三驾马车"治理成效,调查研究是不可或缺的一步。

在"红色家园"的建设过程中,拆围墙、拓道路、平改坡、装电梯……没有一项工作是一开始就能被所有居民理解的。对此怎么办?章书记使出了她扎实的调查研究功夫:把脏乱差的地方拍出来,把原因剖析出来,把解决问题的方法摆出来,再把问题解决后的理想蓝图画出来,都给居民看,这样居民才能理解社区推进这些改造工程的意义……"作为党总支书记,决策和预见性对我来说特别重要,因为这样才能避免'返工'。十几年以来,我都是不允许返工的!"正因为章书记把调查研究做在了前面,预见到可能出现的问题,承担起风险和责任,才促使阳曲路760弄的"红色家园"建设顺利进行。

事实上,早在"双美"建设之前,临汾路街道就已经作为上海"垃圾分类"的试点单位进行了长期的摸索和调研。湿垃圾味道大、细菌多,因此,要探索出合适的倒垃圾、清理垃圾时间。为此,章书记花了一个月的时间,从早到晚守在垃圾箱旁,调查居民集中倒垃圾的时间段,最终得出为每天早晨和晚上 6:30—8:30 这一时间段。起初,许多居民并没有养成垃圾分类的习惯,章书记便调动各网格支部成员的力量,最终组织了一支28人的志愿者队伍,每天2人分别管理两个垃圾倾倒时间段,每两周轮岗一次,在垃圾箱边为没有分类的居民进行二次分拣。居民也不是铁石心肠,看到高温天中站在垃圾箱旁分拣的志愿者,就不好意思再把垃圾随手一扔了。如今,垃圾箱对面那排楼栋的居民都可以开窗了,空气中很难嗅到垃圾腐化的味道。可以想象,如果没有调查研究走在前面,如果没有事先确立好倒垃圾和清理垃圾的时间,如果没有事先做通各个网格成员的工作,垃圾分类将举步维艰。

临汾路街道的调查研究实践,是一种"有的放矢"的调研,能够从问题出发,对标市、区要求,摸清基本情况和居民诉求,掌握一手信息和直接民意。这还是一种"有效且可行"的调研,能够为解决问题提供实际建议,领导干部也能够扑下身子干实事、谋实招、求实效,不断提出真正解决问题的新思路新办法,坚持靶向对标,精准施策,提前安排"三驾马车"的分工,完善协同配合机制。

(二)思想工作是至关重要的一步

在"三驾马车"驰骋的路途上,难免尘土飞扬。党建引领又是如何突破掣肘的呢?

无论遇到什么困难,党建引领下的临汾路街道基层治理都坚持群众路线,倾听群众声音。既要从群众中来,把群众分散的意见集中起来,形成系统性的意见;又要到群众中去,向群众解释经过研究的最终意见,把最终意见化为群众意见,使群众坚持下去,并接受群众的检验和监督。比如,要在社区内推进任何一个项目,都需要提前获得三分之二以上居民的同意,家家上门、户户走访几乎成了基层建设者的日常功课。章书记坦言:"一个党总支书记、一个居委会主任和一个业委会主任是忙不过来的,所以,一定要调动网格内党支部成员和楼组成员的作用,在此之前,则需要先把两委班子的思想工作做通。"

从规划到实践，如果没有党建引领，推进思想工作、促进沟通协商的通道就会被堵塞，让本就千头万绪的工作雪上加霜。"看我们这里做得好，肯定有许多其他地方要模仿。但他们大多难以推进下去！因为他们不知道，我们把功夫下在前头了。"章书记的自豪是有理由的，毕竟，一切锐意进取的背后，都是扎扎实实的付出。

就拿拆围墙前的思想工作来说，房屋靠近围墙的居民起初顾虑重重，也不乏投反对票的。由于几乎没有先例，居民们担心的问题不一而足：拆了之后是否安全？是否美观？自己小区内的设施凭什么可以被其他小区共享？……要说服居民，就要拿出解决这些问题的方案来。为此，章书记安排在整个小区内加装46个监控设备和楼宇对讲机，并且在同济大学的设计加持下，计划用三道景观墙代替围墙。这三道景观墙分别以废塑料、废轮胎、废自行车为原料，设计出来的效果图美轮美奂，不仅契合生态城市的理念，更让居民觉得"挺好看的，比原来的围墙好看"。居民的想法其实很简单，只要是实实在在有助于他们提升生活质量的事情，他们就不会不支持。"小区面貌变好了，房价也会涨上去的，"章书记的这句话让居民们看到了未来的希望，"对他们来说，这才是实实在在的东西。"又如临汾路街道另一个小区的业委会主任陈有马所说，"做居民工作，不讲大道理，而是要交心"。交心，意味着一场接着一场的协调会，在充分沟通之后让"大多数居民都能理解"。

陈主任还强调，"为老百姓办事，要换位思考"。事实上，换位思考背后的理论支点也是党建激励"三驾马车"治理效能的第一步：贯彻群众路线。贯彻群众路线，意味着在党建引领下，形成政府治理、社会调解、居民自治良性互动的有机体系。为此，需要创新探索共同缔造的机制，摆脱保姆式的基层治理方法和"千条线、一根针"的基层治理现状，最大程度地激活人民群众的积极性、主动性、创造性。而交心和换位思考，正是党建激活包括"三驾马车"在内的人民群众力量的方法之一。

（三）多方联动共建"红色家园"是最聪明的一步

在调查研究和思想工作的基础上，推进基层工作仍旧困难重重。居委会、业委会、物业三个主体之间要怎样协调，才能够为千头万绪的工作厘出清晰的思路呢？

居委会、业委会和物业不仅每月举行"1+5+X"联席会议，互通有无，更是几乎"随叫随到"，用居委会主任张莉的话来说："一有事，随时要开会。""物业公司上海静安置业的老总每次都来，非常敬业。这其实也是我们的创新，因为静安置业现在新招进来的年轻人中党员比较少，负责我们小区的本来不是党员，于是，我就叫他们静安置业派三名党员下来，和我们其他'两驾马车'中的党员一起建立五个人的领导班子，方便快速解决问题。"他们用同一个目标，激活物业治理主动性，为基层赋权、增能。

与此同时，临汾路街道还重视"三驾马车"的日常联系，通过有温度、有人情、无功利的日常小事，让"三驾马车"不仅在社区有问题时立刻能"跑"起来，还能在没有问题时构筑有弹性的谈事议事空间和有基础的社区认同共同体。章书记意识到了这一点，因此，通过交心让制度"活"起来，让物业、居委会和业委会建成有机联系网。"健康直通车"就是交心的证明：760弄党总支每年给物业工作人员、保洁人员检查身体，冬送温暖，夏送清凉；业委会对物业也很支持，还买了一辆短驳车送给物业……凡此种种，不一而足。章书记形象地总结："党总支就是左手牵着业委会，右手牵着物业呀！""牵，引而前也","红色家园"的共同理想,牵起了"三驾马车",往一个方向发力。

这"三驾马车"都怀揣着同一个目标,党组织、居委会、业委会、物业公司形成"四位一体"同心圆,居委会做好"大家长",业委会做好"东家",物业做好"管家",各司其职,紧密围绕党组织这一基层治理核心点,形成紧密的朋友圈。比如,760弄物业每年为老人提供"三安三检"服务,即"安检,安保,安稳"和"检查电路、检查煤气、检查水管"服务,由物业上门,居委和业委提供需要此项服务的老人名单。基层工作者推进这项服务落地的初衷,是站在社区老人子女的位置来为老人谋实事。"我走进小区一户老人的家中,当时吓了一跳,因为那布局和我外婆家的差不多,"居委会主任张莉把自己的记忆和当下对社区的情感融于一体,"这个老人家里的电闸年久失修,保险丝裸露在白色的瓷片外面,老人又很节约,只要能用就不换,这是一个安全隐患。另外,老人难免健忘,有时候煤气还开着,还烧着东西,人就跑开了,多危险!"因此,电路、煤气等基础设施的检查不能等着老人来提,而要自己上门去做,做在老人前面,把隐患远远地甩在后头。可以看到,临汾路街道党建引领下的"三驾马车",走过了吹哨报到、接诉即办的初级阶段,开始向主动治理这一高级阶段发展。

基于同一个目标,"三驾马车"也能够坦诚相待,在平等沟通中创新基层治理模式。比如,在非机动车车位吃紧的临汾路街道,一些占着位置却不交车费、无人认领的"僵尸车"成了众矢之的。如果基层治理组织把"僵尸车"拖走,车主则又会"冒出来",叫物业公司赔偿,这对物业公司而言实在是一桩棘手的差事。为此,"三驾马车"派来代表共同商议对策,最终创造出了"僵尸车换大米"的激励政策：同意认领"僵尸车"并且愿意让基层治理组织把"僵尸车"拖走的车主，可以免费获得一份大米。第一批大米由物业出资购买，而第一批"僵尸车"转手出售所得则用作后续购买大米的储蓄金。这一举措可谓一举多得，毕竟"僵尸车"车主本身也想要找到车辆停放的方法，社区替他们解决了问题，同时，又为社区创造了更多车位，还为物业公司解决了棘手的问题（见图3）。章书记说："红色家园，拓宽了我们解决问题的渠道。"党建引领"三驾马车"共建"红色家园"，优势在于治理下沉、汇智聚力，集思广益解决群众急难愁盼的问题，未雨绸缪应对未来可能出现的问题。

图3　阳曲路760弄非机动车库改造后

无论是调查研究、思想工作还是多方联动，"三驾马车"基层治理始终沿着党建引领这一主线发展。加强党组织对基层组织和各个组织的统一领导，方能把零散的意见通过"调查研究"整合成有体系、可执行的意见；坚持党建带领群建，方能更好履行组织、宣传、凝聚、服务群众的职责，激活人民群众积极性；形成制度化的党建联席会议召开机制，方能上情下达、下情上传，构建党组织、居委会、业委会、物业四位一体有机联动发展格局，促进基层治理提质增效。

三 服气：物质文明凝聚人民政治认同

物质富足、精神富有是中国式现代化的根本要求。如何在基层治理中将这一要求落实到人民生活的点滴之处、为社会持续健康发展提供精神动力，是时代提出的重要课题。临汾路街道的党建工作坚持以辩证、全面的观点正确处理物质文明和精神文明的关系。一方面，党建引领的"三驾马车"能够精准把握居民的物质需求，让有限的资源发挥最大的效能；另一方面，随着居民物质生活水平不断提升，临汾路街道建立了有温度、有凝聚力的社区氛围，形成了精神文明和物质文明相互促进的循环。

如今的临汾路街道，黄发垂髫，怡然自乐，"红色家园"的实效有目共睹，不是表面文章，而是以好的社区面貌来提升社区居民的幸福感和获得感。有了党建引领铸造的底气，有了未雨绸缪工作的锐气，"红色家园"的成果才会展现在这"客厅"中，让每个居民和参观者服服气气。服气可以证明党建引领基层治理的成效，但更重要之处在于，这一成效真真切切做到了让人民群众满意。

（一）富了物质，也富了精神

面目一新的临汾路街道不只在"门面"上下功夫，更在"内里"

上自我提升。这种提升能够根植于临汾路街道居民特性,因地制宜。由于临汾路街道老龄化程度极高,大火特火的基层网红文化公共空间建设经验难以适用,只有做到摸透老人心意、设身处地为老人着想,方能避免文化空间门可罗雀的窘境。小区内不仅有老人适用的健身器械,还有活动室、图书馆等文化设施,致力于满足居民的文化娱乐需求,提升居民素质。现在,这里的活动室夜不闭户,谁都可以进出,里面的东西却没有任何遗失。

因地制宜建设文化空间,首先要把握精神文明和物质文明的关系。业委会主任陈有马介绍了一个活动室改造的"洗衣房":活动室的尽头是四台洗衣机,由志愿者定期到社区内行动不便的老人家收集换洗衣物,活动室内的洗衣机漂洗干净后,再挨家挨户送回去(见图4)。这是从物质层面为老人服务,以洗衣房硬件设施和志愿者服务

图4 临汾路375弄居民区志愿者在改造的"洗衣房"漂洗衣物

软件配套的方式,真正让社区空间发挥效力。

按理说,这样一个洗衣室只要有洗衣机就够了,但这里却用整整一堵墙还原了老上海的风貌。这堵墙以老上海石库门为模板建成,老式自行车、黑胶唱片机露出它们的身影,带来那个时代的回音,让那些尚且行走自如的老人们在驻足洗衣时,回到他们的童年(见图5)。物质上的关怀需要有资金支持,精神上的关怀却不仅仅需要资金支持,还需要花费心力。而这心力的奉献者,却常常默默无闻、不求回报。站在这个室内的弄堂里,仿佛回到20世纪初的上海,自行车压过台阶路的声音和留声机里沙哑而迷人的旋律一同在耳畔回响起来,老人们的生命历程在红色家园里被临汾路街道重新拾起。

与此同时,物质和精神文明建设也洋溢着科技的活力。陈有马主

图5 临汾路375弄居民区内的老上海文化墙

任所在的小区，"数字小屋——不打烊服务区"非常抢眼。这里，有大屏版的打车软件，让不熟悉小屏手机的老人也能加入时代潮流，线上打车；这里，还有智能口罩机，如若有居民走到小区门口才发现自己忘戴了口罩，也不必辗转回家，直接在此领取；此外，公共事业缴费终端、智能饮水机等一应俱全，老旧小区重新焕发青春活力。基层治理，既要因地制宜也要与时俱进，还要把两者有机融合起来。党建引领下的基层治理汇集各方力量，积极推进科技赋能，为基层数据融合治理、基层数字平台建设和基层数字服务升级构筑了与外界互联互通的渠道，让老旧小区在信息化浪潮中不仅"不掉队"，还能"赶时髦"。

（二）拓了道路，也拓了生机

临汾路街道老旧的道路曾经阻碍救护、消防等应急车辆的生命通道。为了拓宽道路，难免需要重新规划道路两侧的绿化带，然而，绿化的生命也没有戛然而止，而是由"拔桩"的专业人员挪种到另一片土壤——临汾路街道在开拓绿色生命通道的同时，守护住了绿色。正是党建引领，统筹好道路建设和绿化移植所涉及的多方主体，通过协商共议让多方明确目标和需求，实现了双赢和多赢的良性循环。不仅如此，这还是魔都城内"种果树"的地方，果树没结果时便是行道树，结果时则由居民采摘享用。

飘香果树之下的红色家园，意味着党建引领下临汾路街道的基层治理能够处理好短期落实和长效贯彻的关系，能够探索出基层治理与城市生态改善相结合的长效机制，减少决策反复和人力物力财力的重复耗费。这是党建引领多年来一步一个脚印的成果，是从积攒底气、焕发锐气再到令人服气的蜕变。

四 临汾经验：党建引领"三驾马车"

临汾路街道的"红色家园"方案在"驭马者"的驾驭下摸索出了一套党建引领的基层治理工作模式，以实践创新推动理论创新，促进全过程人民民主的持续完善。"红色家园"是有内在精神的，党建引领可以通过"网格化管理"及时掌握群众的现实困难，并进行有针对性的帮扶，实现最广泛的民主。"红色家园"是有独特治理方法的，"1+5+X"联席会议保障了居委会、业委会、物业以及社会各群体的政治参与度，群众的诉求可以通过民主决策落到实处，体现出程序民主和实质民主的统一，实现了最真实的民主。"红色家园"也是有外在物质表现的，社会弱势群体特别是老年人的生活困难得到了显著改善，实现了最管用的民主，解决了人民急难愁盼问题。

（一）党建引领，塑造社区内在精神

临汾路街道的党建工作能够契合当下的新形势、新任务，为居民提供源源不断的文化价值，塑造强有力的政治权威。在老旧小区中，存在高龄老人多、部分居民需要经济帮扶、流动人口（租户）多的治理挑战。一方面，临汾路街道以党建为宣传内容，通过多种媒体方式，如报纸、书籍、微信公众号、短视频等，将中央重要精神和工作方向全方位传达给每一名居民，充分考虑到了人口构成的复杂性，并对街道内居委会、业委会、物业中党员工作者的优秀表现予以报道。另一方面，临汾路街道将党建工作和居民具体困难的解决相结合，为居民的生活提供实际帮助，并引导居民形成相互帮扶、在榜样中汲取精神力量的氛围。

（二）党建引领，激活主体治理效能

临汾路街道激活了"三驾马车"的治理效能，不断协调人民日益增长的美好生活需要和不平衡不充分的发展之间的矛盾。首先，党建工作将调查研究做在工程实施和政策实践之前，对各种风险进行预判，确保"红色家园"的顺利建设。比如，作为"垃圾分类"的试点地区，临汾路街道通过长时间调研总结出了科学的垃圾清理时间，考虑到了绝大部分居民的生活作息，并调动党员志愿者进行二次分拣。其次，党组织对居委会、业委会、物业"三驾马车"进行了有效引领和监督，每月定期开展"1+5+X"联席共治会议，与居民协商治理难题。比如，"三安三检"服务、用大米换废车辆等都是"三驾马车"合力推出的惠民行动。

（三）党建引领，共建家园基础设施

临汾路街道巧用"社会化参与""多元共治""网格化党建"等治理方法，凸显了"红色家园"工程和党建相结合的政治优势。其突出体现在三个方面：一是在加装电梯过程中，强化党建引领作用，做好宣传和民主协商工作。从意愿征询、方案制定到后续维护，党组织确保群众在各个层面的参与度和满意度。比如，雇佣困难户到施工点夜间巡逻，既保障了工程安全，也解决了居民经济困难。二是以党建网格引领管理、治理、服务"三网融合"，通过居民共商共议，有针对性地提供惠民服务。社区内不仅设有适老健身器械、活动室、图书馆，还有专门为老人清洗衣物的洗衣机。三是活用数字化载体，推进党建全要素网格数字治理平台建设，细心研判居民需求，通过数字技术凝聚政治认同。在小区中，"数字小屋——不打烊服务区"既能够帮助老人实现线上叫车、智能领取口罩、线上缴费等功能，同时也可以激活居民自治团队的骨干资源。

在党建引领下，居委会、业委会、物业形成合力，一步一个脚印推动着基层治理中的问题变议题、议题变项目、项目变实绩，把"红色家园"从精神层面的共识落实为可以看到的社区治理成效。基层治理无小事，由基层党组织充当"驭马者"的"三驾马车"将继续驰骋，在共建"红色家园"的路程上探索更高效的合作机制。

撰稿人：洪韵佳　李秋祺

2

全过程人民民主

加梯样板：民主协商中的自治、法治与德治

习近平总书记在党的二十大报告中指出，"全过程人民民主是社会主义民主政治的本质属性，是最广泛、最真实、最管用的民主。必须坚定不移走中国特色社会主义政治发展道路，坚持党的领导、人民当家作主、依法治国有机统一，坚持人民主体地位，充分体现人民意志、保障人民权益、激发人民创造活力"。人民性是全过程人民民主最鲜明的价值标识。其中，积极发展基层民主是健全人民当家作主制度体系的重要课题。总书记在党的二十大报告中还指出，"健全基层党组织领导的基层群众自治机制，加强基层组织建设，完善基层直接民主制度体系和工作体系"。

在临汾路街道的各项工作中，基层民主建设一直是最重要的目标。特别是在加梯过程中，街道始终坚持人民至上的立场，并将其贯穿治理的各个环节，致力于实现人民性与善治的辩证统一。尽管不同小区面临的问题、民主协商的过程存在各自特点，但都充分体现了人民对美好生活的向往，是加梯样板中全过程人民民主的具象化呈现。

一　民主协商为加梯建构社区伦理共同体

临汾路街道作为典型的售后公房社区，辖区内20个居民小区80%

的住宅楼建于20世纪八九十年代，其中1 139个楼组具有加梯条件。同时，街道老龄化率已达到44.2%，且呈现逐年上升的趋势，"悬空老人"下楼难成为街道一个非常突出的民生问题。因此，近年来，临汾路街道把老公房加装电梯列入一号工程全力推动。截至2023年10月27日，阳曲路760弄（见图1）、临汾路375弄（见图2）等小区电梯加装率达到90%以上。整个临汾路街道加梯签约超过400台，占可加装电梯楼栋的45%。投入使用的226台加装电梯，已全部交由专业企业法人管理，前期使用管理单位登记为小区业委会的全部完成更名。

在临汾路街道，阳曲路760弄居民区的加梯工作效果十分突出，其中离不开社区伦理共同体的建构。该居民区有7个自然小区，131个楼组2 316户，实有人口5 628人。其中，60岁以上老年人2 259人，占实有人口的40%。2019年以来，面对居民区老龄化程度高的难题，

图1　阳曲路760弄老人乘坐新建成的电梯

图 2　临汾路 375 弄小区景观

居民区围绕化解"悬空老人"出行难题,全力推进"一号民生工程"。截至 2023 年 3 月,居民区共有可加梯楼栋 67 个,已签约 63 台,其中竣工 27 台、开工在建 20 台,电梯配置率达到 94%。

阳曲路 760 弄居民区党总支书记周莉认为,"要建构一个社区伦理共同体,功夫全在平时的点滴工作。自治最重要的基础,就在于培养居民之间'先行的爱'"。在友爱的氛围下,协商变成了朋友、家人间的商量事儿。打好"感情牌",加梯中的许多矛盾就能迎刃而解,达成共识的成本也大大降低。其中关键有两点。

一是注重公共精神的培养。要让民主协商服务于共同体或大多数人,而不是个别、少数人的利益,需要让"我为人人"的公共精神深入人心。居委会在举办讲座的时候,采取了具有教育意义的"赠礼"方法——让居民自己做手工,做出来的东西就是礼品。由此,居民通过共同劳动的经历，获得了参与公共生活的满足感。居民区的另一个特色公共服务项目是在新绿芳草院从事园艺活动。居民们经过民主协商，决定将草坪上的麦冬移除，改种一些更美观的花花草草。新绿化给居民提供了公共生活赖以发生的场域，他们亲自参与到花草的日常养护中，比如整形修剪、浇水施肥、越冬防护等。公共精神的培养，不仅有利于人和人之间关系的和谐，也有利于人和自然关系的和谐。

加装电梯资金数额较大，对每家每户都是不小的压力，如果不是因为居民心中的公共精神，资金筹措过程将举步维艰。比如，有一个楼组加装电梯资金缺口曾高达 234 500 元，8 户业主不愿出资。通过自管小组多次商议，有居民主动提出为业主垫资 3.25 万元，他的举动感动了其他业主。大家纷纷垫资，最终实现签约成功。另一个楼组在协商加装电梯时，同意人数已符合要求，但资金缺口也较大。楼组长张阿姨主动垫付 5 万余元，并说服 102 室也垫付了 5 万元。看到楼组长作出表率，2 楼、3 楼等原本不同意出资的居民也纷纷慷慨解囊，最终促成了楼内电梯的落成。

二是提倡全社区推广助老爱幼精神。阳曲路 760 弄居民区本就存在老龄化程度高、家庭育儿难等问题。将社区打造为一个互帮互助的大家庭，不仅解决了实际的民生问题，还为加梯的顺利推进建构了伦理共同体。在育儿方面，有保育员中级证的周莉书记发起了一系列活动，号召幼儿园老师和年轻家长们一起出谋划策，举办亲子运动会等特色活动。为方便小区的年轻父母互动，居委会协助建立"星立方亲子群"等微信群，组成以年轻爸爸妈妈为主体的青年议事团队，为"90 后"父母和"00 后"青年找到实现自我价值的平台。另外，解决小区老人生活不便等诸多难题一直是居委会的工作重点。热心志愿者们组成了"夕阳洗衣队"，目前共服务 2 500 人次，累计洗衣被 9 980 件。

在助老爱幼活动中，居委会发掘了一批热衷于公共事务的年轻人，他们在加装电梯的过程中同样发挥了骨干作用。李先生是一位"80后"青年，同时也是加装电梯自管小组成员，经常配合楼组长一起宣传、发动、组织楼道居民开展加梯工作，并主动参加自管小组推进活动。此外，他还建立了楼组微信群，由于业主以老年人居多，对于手机操作都不精通，他便主动上门，挨家挨户帮助老年业主扫描微信群二维码，方便业主间信息沟通及加梯资金入账。

周莉书记指出，"加梯工作的顺利推进和社区居民的共同体意识息息相关"。特别是底楼的居民，相比其他楼层获得感较少。倘若没有平时邻里间的互帮互助，他们很难主动舍弃部分自身利益，为其他楼层居民着想。回看过去几年，由个体、家庭"小我"到社区"大我"的扩展是一个循序渐进的过程。通过在日常生活中参加各类活动、参加团队集体讨论等形成规章制度、制定社区公约，居民将心中的愿景不断磨合达成共识，树立起了牢固的共同体意识。

随着街道加梯工作的推进，临汾路街道辖区内各小区涉及的加梯占用小区公共面积、绿化移位、地面机动车停车位占用等具体问题越来越复杂，不仅要征询小区业主的意见，对于碰到的难题还需居民共同协商解决。居民的参与度提高了，就会主动去了解情况；涉及自身利益了，就会充分表达意见；看到加梯给居民带来的便利，就有更多的居民来参与；参与的居民多了，想加梯的居民开始主动做有顾虑居民的工作。

二　民主协商贯穿加梯全过程

《中国的民主》白皮书将"全过程人民民主"定义为"既有鲜明

的中国特色""也体现全人类共同价值"的制度创造。全过程人民民主政治实践的整个过程都凝聚了人民的智慧与参与,实现了程序民主和实质民主的有机统一。临汾路街道的加梯工作从居民自发的民主协商开始,逐渐发展到民主协商和居民诉求解决深度融合,最后形成了常规的协商组织流程。

临汾路 375 弄居民区党总支书记吕文洁回忆道,加梯工作一开始就是居民自己倡议的。2015 年,有一户六楼的居民是两位 90 多岁的老人,突然感觉身体不适要去医院。当时楼组里互帮互助的氛围很好,热心的邻居纷纷提出要来帮忙将老人背下楼。问题是,邻居们基本上也都 60 岁上下了,只能你背两层我背两层地下楼。这件事对楼组长产生很大触动,作为一名党员,她觉得自己有责任解决居民生活的痛点。她在报纸上看到杨浦区有老旧小区已经开始加装电梯,于是骑着自行车到现场观察,回来以后向楼组居民们发起了加装电梯的倡议,得到邻居们的积极反馈。

加装电梯的消息逐渐在小区里扩散开来,其他楼组的居民也表现出浓厚的兴趣。然而,当时上海市加装电梯工作还没有全面铺开,各种制度规则、资源调配等都处于不成熟状态,只能更多依靠居民自己探索。吕文洁书记讲起,小区里有位居民是人大代表,运用自身的领导能力帮助居民区找到了很多有用资源。但是,更多的情况还是靠党组织发起大大小小的协商活动。一切从零开始,党组织联络居民到个别人家里开会、到居委会议室开会,每一部电梯加装都要经历几十次甚至上百次的民主协商。其中,选择电梯品牌、选择施工单位,制作资金分配方案,都是在各种大小会议中协商出来的。"慢慢地,我们磨合出一套办法,后来就在整个临汾路街道推广。现在回想起来,这其实就是全过程人民民主。"

在满足居民的个性化需求方面，民主协商工作显示出高效的调节分歧和解决问题能力。要安装电梯，如何分配出资比例最容易产生矛盾。一方面，每户居民对加装电梯的需求不同，直接影响其出资意愿。民主协商不仅意味着在会议中反复研讨，更需要党组织对居民生活的具体情况有深入了解。另一方面，对于那些有较强加梯意愿的居民，也存在经济条件受限、付款周期长等困难。

比如，有一个楼组在"是否同意加梯"的问题上达到了100%同意，到了付款时却有四户居民提出了异议。二楼的三户居民感到自己使用电梯频率不高，不想参与出资，而三楼也有一户居民年纪尚轻，且经济上确实有困难。此时，有一户党员家庭挺身而出，主动在前期付款阶段为其他居民垫资。他表示，愿意相信组织和邻居，可以等到资金返还时再拿回借款。吕文洁书记强调，这个加梯案例给他们的工作带来了很多灵感和启发，后来也在整个街道进行了推广，"就是把政府补贴给用活了，既可以填补居民不出资的空缺，也可以进入后期的维保资金。居民们也很配合，不会去争返还回来的钱，觉得这是属于大家共有的。"

除了让党员居民发挥带头作用，更重要的是在党建引领下，让零散的民主协商形成常规的议事组织。临汾路375弄居民区党总支一方面帮助居民成立了加装电梯的"楼组议事会"，另一方面组成了"临时党支部"。加装电梯工作在整个街道开展后，发起工作主要由居委会承担。但是，涉及专业、具体的问题，居委会很难跟居民沟通解释。成立"临时党支部"，能聚集更多相关部门的力量。街道干部、社区民警、律师、施工单位、业委会、物业公司、居民代表等，在"临时党支部"的民主协商中，发挥着提供专业建议、整合社会资源的作用，使安装电梯的各项决策能够兼顾科学性和可操作性。

在许多特殊情况下,"临时党支部"发挥了不可或缺的作用。曾经,有个楼组内有较多高楼层需要电梯的老年人,但一楼有户居民一直不肯同意。于是,工作人员就和居民一起主动沟通,尝试了解对方顾虑。原来,这位居民担心电梯噪声影响睡眠,以及人来人往暴露隐私。为了协调不同居民之间的利益冲突,"临时党支部"协助修改了施工方案,将电梯横过来安装,巧妙地化解了矛盾。

以临汾路375弄居民区为起点,临汾路街道在推进居民区加装电梯的过程中,从楼组到居民区再到街道,大家共同协商解决遇到的难题,并逐步形成了楼组议事会、居民区"三会"、街道加梯工作协调会三级协商平台(见图3)。楼组议事会由楼栋业主代表组成,是楼组居民协商平台,商议电梯加装等各类楼道公共事务。为保证楼组居民参与度并提高议事效率,居民区在全员参与的楼组议事会基础上又探

图 3 临汾路 375 弄居民区加梯推进会

索出了"自管小组"模式,由楼栋自管小组负责对加装电梯的所有事项先行讨论、拿出方案,再提交楼道全体业主审议,通过先集中、再民主的讨论方式提高协商效率。居民区"三会",正是在楼组协商不能达成一致意见的时候发挥作用。居民区通过"三会"平台帮助居民一起协商解决问题,既发挥了居民区党组织的政治优势和组织优势,团结动员小区党员骨干为加装电梯出谋划策,又通过民主协商拉近居民区干部与群众的距离。加梯工作协调会由街道牵头,服务于水电煤移位、加梯楼栋打造"美丽楼组"等相关配套项目,协调各专业单位、施工单位抓紧解决居民的急难愁盼问题,对个别居民的诉求也及时予以回应,使各方形成合力,共推加梯进程。

人民群众是基层社会治理的主体,民生项目的顺利实施需要得到广大居民的理解和支持,民生项目落地全过程离不开居民的广泛参与。只有努力营造社区民主氛围,搭建民主协商平台,充分维护居民的参与权、表达权、监督权,才能保证人人都能有序参与社区治理全过程,充分表达民情民意,发表意见建议,开展真诚有效的民主协商,从而使得社区治理展现出旺盛的生命力。

三 民主协商监督加梯质量

在老旧小区安装电梯进程,施工质量是居民最关心的议题。吕文洁书记回忆,有一个楼组的电梯在刚开始加装时,居民看到水泥柱有细微气孔,担心施工质量不符合要求,于是拒绝支付下一阶段款项。为了证明材料安全,施工方写了保证书并加盖公章。有居民进一步提出,应当请第三方监理来出具检测报告才能放心。这时问题又来了,一是谁来支付检测费。施工方认为遵循谁质疑谁举证的原则,应该由居民承担检测费,而居民并不愿意承担额外费用。二是如何做检测。居民猜测水泥柱内部存在气孔,如果打孔进去测试,柱子本身就破坏掉了,不管质量如何都需要重新做。双方各执一词,施工停滞了近一个月。最后,在加装电梯"临时党支部"的协调下,聘请了第三方监理,并提出了专业的检测方案——做一个简单的回弹性测试,在两根柱子中间放置仪器,通过回弹的承受力判断其坚固度。在这个过程中,居民虽然不具备专业的建筑知识,但通过民主协商程序,也能整合相应的社会资源,对施工过程进行科学的管理。

由于施工监理不能长期驻守在小区里,居民的日常监督就显得尤为必要。在阳曲路760弄居民区(见图4),有居民发现在电梯加装回填施工中,工人将部分建筑垃圾、塑料袋等混入了回填材料,会造成环境污染。为了向施工方证实,居委会物业和部分居民一起拿着铁锹

图4 阳曲路760弄居民区老房加梯

将建筑垃圾挖了出来。在周莉书记看来,施工过程一定要受到监督,需要将全过程人民民主的精神转化为现实行动,"我跟居民反复强调,加装电梯是大家真金白银的投入,安装的时候哪怕不懂,也要站在旁边观察监督"。为了形成长期有效的监督机制,居民建立了专门的志愿者巡逻队伍,在小区各个角落巡逻。有一次,巡逻队发现建筑材料被野猫破坏了,于是及时采取措施,避免了损失进一步扩大。在监督过程中,居民也看到了施工队的辛苦,将家里的盐汽水搬出来分发给工人,从而增进了双方的信任感。

每个楼组里居民电梯使用频率、经济承受能力、消费习惯各不相同,难以找到一套让所有人满意的方案。在临汾路375弄居民区(见图5),当政府补贴还没到账时,居民们已经开始尝试用协商方式制定电费支付规则。各个楼组协商的结果也是多种多样的。有些楼组规定电费比例按加装电梯出资比例缴纳,每户每年先预缴100元,到了年

图5 临汾路375弄居民区一景

底多退少补。有些楼组则规定电费由每户平均分配，由楼组长收齐，每个月现结。协商的过程不仅解决了电费问题，还让本来不熟悉的居民成了朋友。居民之间形成的"公约"，需要正式张贴宣传，变成楼组居民们能够相互督促遵守的"软法"。比如，电梯装好后，谁负责下雨时关闭连廊窗户？此外，为了更好对电梯进行日常养护，居民们通过民主协商制定了电梯使用规则，张贴在楼道里明显的位置。

更重要的是，如何与电梯维护保养公司进行签约？毕竟，居民只能通过"公约"来规范电梯的使用，专业维护的事务还是要交给维保公司来做。对于如何选择维保公司、如何支付后续费用等问题，每个楼组的居民都在协商中提出了最适合自身的方案，在维护自身权益的同时，优化了公共资金的使用。周莉书记回忆，有一个楼组大部分居民想签约全周期维护，但有些居民则提出了顾虑，一是认为年份太长，担心维保方不尽责；二是一次性支付金额较大，一时难以筹措。这时，居民张阿姨主动研究全周期维护条款，与社区工作人员一同上门做居民的解释工作。她表示："加梯是造福老人的民生工程，当然要支持！而且'建管一体'的模式让大家用起来更安心，再也不用担心电梯坏了找谁来修了！"

四 临汾经验：让全过程人民民主落地

在临汾路街道的老旧小区加梯工作中，各个环节都体现了善治吸纳民主的实践成效，实现了自治、法治和德治的有机结合。在加梯的前期工作中，临汾路街道将居民自治的政治潜力充分挖掘，通过民主协商的方式调动民心、民意、民智，并创造性地将各个难点逐一击破；在电梯施工的过程中，民主协商既确保工程在法治框架内有序开展，也创造性地制定了各个小区、楼组居民自我约束的"软法";在电梯后续维护的环节中,民主协商解决了居民之间的各种利益冲突,培养了居民的共同体意识,彰显了中国传统文化中"天下为公"的德治精神。

第一,临汾街道的加梯工作体现了社区伦理共同体对民主协商的重要意义。通过加梯,充分调动了小区居民参与社区事务的积极性和主动性,从被动接受到主动参与再到发挥主导作用,居民社区事务的民主参与度不断提升,涌现出一批热心参与社区事务的志愿者,使社区自治充满活力。一切工作都是为加梯提供服务,最终的选择权和决定权都在居民,让居民切实感受到自己是改善生活环境、建设美好家园的主人,获得对社区的归属认同,社区共同体逐渐有了雏形,并不断壮大。

第二,临汾街道的加梯工作通过党建引领民主协商,实现了过程民主和成果民主的统一。以党组织为核心,在加梯前期、中期、后期,民主协商的政治实践能够有效地将居民组织起来,聚集各类社会资源,确保居民的诉求得到充分满足,实现居民利益最大化。在精神文明建设层面,党建引领让加梯的各个工作环节得到广大居民的支持和认同,增强了居民对全过程人民民主的制度自信。在实际操作层面,由于老旧小区居民实际情况复杂,很难用同一套工作流程解决所有人的问题,党建引领即可采取一事一议的办法,兼顾每户居民的具体困难。

第三,临汾街道的加梯工作实现了全过程人民民主中"民主"和"法治"两大目标的和谐共生。一方面,民主协商介入加装电梯的各个工作环节,可以有效对施工过程进行监督制约,保障居民自身利益;另一方面,民主协商的实践培养了居民制定规则的能力和遵守规则的意识，真正实现了基层自治，减少了政府的治理成本。电梯安装完成后，维护保养等长期性问题需要民主协商制度持续发挥治理效能，以及让居民在基层政治生活中培养起制定规则、修改规则并遵守规则的习惯。对于电费如何分摊这类涉及大量琐碎、细节化的事务，民主协商制度也能显示出其灵活性。

总而言之，在临汾路街道加装电梯的过程中，民主协商的优越性主要体现在解决了现代社会基层治理的两大难题，一是陌生人社会造成的人际关系疏离，二是复杂社会结构带来的居民利益冲突。这些工作经验不仅为街道未来的治理工作指明了方向，还拓展了超大城市基层治理的新路径。

撰稿人：李秋祺

老旧小区改造"突围"

——全过程人民民主"最后一公里"的生动实践

2019年，习近平总书记在上海市长宁区虹桥街道考察时指出："人民民主是一种全过程的民主。"2021年，总书记在中央人大工作会议上指明，"民主不是装饰品，不是用来做摆设的，而是要用来解决人民需要解决的问题的"。同年，总书记在庆祝中国共产党成立100周年大会上，进一步提出"发展全过程人民民主"。总书记在党的二十大上再次强调，"中国式现代化的本质要求是：……发展全过程人民民主"。

回顾百年奋斗实践历程，中国共产党始终坚持将马克思主义关于人民民主的思想同中国具体实际相结合，探索走出了一条具有中国特色的社会主义民主之路。临汾路街道自20世纪80年代成立以来，切实将民主实践与社区居民日常生活紧密联系，在解决社区居民生活现实问题中深化基层民主实践。其中，临汾路380弄居民区中的星城花苑和阳曲路391弄之间的围墙改造项目，从打破物理围墙，到打破心理围墙，再到打破治理围墙，走出了一条老旧小区改造的"突围"路径。

一 问题肇始：解决居民基本生活需求

急人民之所需、解人民之所盼，是全过程人民民主推进的主要关切，也只有将民主和现实生活紧密联系起来，民主的意义才能得以激活，人民才能感受到民主的真实存在。

（一）先天不足：微型小区评不了文明小区

临汾路380弄居民区由四个自然小区构成，星城花苑与阳曲路391弄一样，两者都是建于20世纪80年代的售后公房小区。而阳曲路391弄更是一个"袖珍"小区，小区甚至没有安装摄像头、晚上也没有保安，"私家车都不敢停，停进来以后晚上车子油漆划了，都找不到人"，"停在楼下的电瓶车都被偷走好几辆"。当时，星城花苑有200个停车位，而阳曲路391弄连30辆车都停不下。由于小区规模小，停车收入低，公益性收入少，没有物业公司愿意接盘，门卫维护成本很高，安保人员做不到24小时驻守，居民自治自管无法有效运行。小区"先天不足"加上管理"后期不良"，使得阳曲路391弄几度陷入无人管理的真空状态。那时正值上海市开展创建文明社区活动，而文明社区评定的一个前提就是要求小区是封闭的，如果不是封闭式小区，就没有参评资格。对此，阳曲路391弄居民感到很委屈，"我们生活在同一个大环境里面，为什么我们就不能评文明单位、文明小区？就因为小区规模小，聘请不起保安24小时值守"。多年来这个问题一直困惑着居委会、业委会和阳曲路391弄居民们。

（二）集思广益：取消停车费分成制

面对"微型小区无法参评文明小区"这一情况，党支部主动担责，从思想认识、制度规划、理念宣传、未来发展层面与居民积极沟通。在此过程中，业委会也集思广益，收集居民的意见和建议，经过多次讨论，论证方案的可行性。在多方努力下，最终决定取消原来的停车费分成制（停车费由物业和业委会分成），将所有的停车费收入全部给物业公司，由他们聘请安保人员，以达到封闭小区的标准，使小区的管理更加规范。同一年，阳曲路391弄获评"文明小区"，大大提升了居民的荣誉感、归属感和获得感。

（三）现实需求：居民对便捷生活的呼声越来越高

随着居民入住率提高，星城花苑和阳曲路391弄居民通行不便的问题也日渐暴露。未改造之前，星城花苑和阳曲路391弄是"贴隔壁"的邻居，被一道将近一百米的围墙分隔，仅靠一扇铁门通联，而围墙区隔开的便道也只能供居民行走，加之公共区域车辆乱停乱放，既增加了居民出行难度，也影响街面环境。况且，便道的路面凹凸不平，一定程度上也增加了老年人出行的安全风险。另一方面，阳曲路391弄居民若要到位于临汾路的菜场或医院，只能选择绕路，从位于阳曲路上的大门出入。加之小区老年人居多，对于行动不便的他们而言，极为不便："临汾路380弄对面就是医院卫生院，我们这里很不方便，要看病的话，要绕很大的圈子才能出来，特别是坐轮椅的残疾人，从那扇旋转门根本出不来"，"碰到急事情，要转个圈子才能过去，出门忘带东西了，不可能爬围墙，还要转回去"，"这堵墙摆在这里，好像人为地把我们两家隔开了"。由于道路狭窄，消防车、救护车都开不进来，阳曲路391弄居民的车也只能开到小区主干道，"住在里面的居民搬家最麻烦，车子只能停在外面，家具要扛好长一段路，太不方便了！"临汾路街道第一街区小企业联合党支部书记施庭芳（原为380弄居民区党总支书记）也表示，"老年人占小区总人口的35%左右，老年人本就腿脚不利索，从小区大门到周边便民服务设施都有一段很长的距离，如果遇到恶劣天气别提有多不方便"。居民对此意见颇多，也多次找到居委会,要求拆除这道围墙,改造小区居民的居住环境迫在眉睫。

而对于生活在星城花苑的居民而言,出于居住环境舒适度的考量,也希望对现有的便道和围墙进行改造。"这条通道平时也没人管,加上它本身也不宽,私家车和电瓶车随便摆放,有的时候把路堵得死死的,我们进来出去都费劲。""也没有人负责打扫,环境脏乱差。"居委会经常处理居民的抱怨或投诉,居民对通畅的小区道路、完善的公共服务设施、便捷的生活方式的期望值越来越高,现有的生活环境无法满足居民需求。横亘在两个小区之间的围墙,成为社区居民便捷生活的"拦路虎"。

(四)把握时机:美丽家园建设解决资金难题

星城花苑和阳曲路391弄作为老旧小区,加之分属两个物业公司,在路面环境等方面存在管理盲点,居民的居住体验感相对较差。不少居民提出改善居住环境、提升小区档次的要求。而售后公房的物业管理费收费很低,小区维修基金不多,拆除围墙面临"钱由谁出"的难题。

当时恰逢上海市政府开展"美丽家园"建设,"美丽家园"建设对售后公房有倾斜政策,可以申请专项资金用于售后房改造。这项助力老旧小区环境提升的美丽家园建设工程让星城花苑和阳曲路391弄居民看到了破题的契机:"我们觉得,小区'合二为一'的更新改造机会来了。"政府和有关部门如果愿意为道路平铺、绿化规整、技防设计、管线重铺埋单,又有何不好呢?居民事无小事,临汾路街道始终聚焦民生问题,把解决居民老大难难题作为工作出发点和落脚点。街道主动牵头,两个社区居委会走访调研进一步听取居民诉求,发现周边存在车辆乱停放、杂物到处堆、衣服任意晾、电动自行车违规停放及充电,甚至占用消防通道等不文明现象。对此,两个小区的党支部联合各自的业委会、物业公司，围绕是否以及如何拆除围墙召开内部会议，讨论可行性和可预见的阻碍。进而，多次召开楼组长会议，发动党员和志愿者深入社区居民中间，了解居民态度，梳理居民意见，在小区业委会的配合下对改造围墙进行前期调研。

二 化解争议：搭建民主信任桥梁

居民对社区自治组织的信任程度，取决于其解决居民实际生活问题的能力，也影响居民参与基层民主的积极性。在基层社区治理中，民主体现为每个人通过真实参与来共同解决问题的集体行动，每一位社区居民都是社区重大决策的参与者、制定者、执行者和监督者，在参与解决社区公共事务中表达诉求，进而实现自我教育、自我管理、自我服务、自我约束的目标。因此，全过程人民民主理论指导和应用于社区治理，有助于开辟社区治理新向度，推动基层民主和社区治理良性互动。社区自治组织通过妥善解决社会生活基本问题而提升其治理能力，激发居民的参与意识，民主参与也有利于凝聚更大力量，推动社区自治。

（一）不同声音：拆除围墙后的管理与安全问题如何保障

两个社区中拆除围墙的呼声很迫切，不敢轻易拆除的忧虑也很现实。争议主要存在于小区安全和停车规范性两个方面。一方面，拆除围墙将打破小区的封闭性，小区安全存有隐患。对此居委会部分工作人员也有所顾虑，"拆除之后，两个小区实现连片也会带来一些安全纠纷，需要首先考虑解决这一问题"。20世纪90年代，入室盗窃案仍然频发，打破围墙无疑增加小区居民财产安全的风险性。另一方面，阳曲路391弄居民担心原本为数不多的停车位被挤占。将星城花苑门卫室前置到上海银行平行位置后,一旦拆除围墙,星城花苑的车主极有可能为了便利而直接将车辆停在391弄区域,进一步加剧391弄停车位紧张问题。由于两个小区在公共空间利益分割方面存在矛盾,在解决停车规范问题的过程中,社区党委联合居委会通过向两个小区居民征集解决办法的方式,引导居民积极参与社区事务管理。

对于拆违破墙这件关乎居民切身利益的大事,街道和党支部都有所顾虑,居民之间也存在不同意见。街道和党支部的顾虑在于,星城花苑和阳曲路391弄涉及两个物业公司,拆违破墙后两个小区该如何管理?"拆违破墙要慎之又慎,不能说打开就打开,打开以后的矛盾怎么解决?""阳曲路391弄好不容易搞成了一个封闭小区,也花了不少精力,做了不少工作,也损失了利益(我们把所有的停车费都给物业了,车子停到里面来也放心了),好不容易封闭起来的小区,现在又要拆了围墙,把它打开了。"居民的反对声音则聚焦于私家车停车位的问题。391弄居民表示,"我们非常希望能拆掉围墙,这对我们出行来说是大好事,但我们也担心临汾路380弄的业主把私家车停到我们这边,而且我们小区本身停车位就很少"。施庭芳书记向我们解释,"如果拆除围墙,从位置来看,星城花苑更靠里面,进出不方便,391弄业主的车子不太可能停到星城花苑里,但星城花苑业主的车子却极有可能停到391弄,公共停车位的挤占是391弄居民担心的主要问题"。还有一部分居民担心拆除围墙后的安全问题,"围墙拆除后,小区里人多且杂,万一家里失窃了怎么办?""封闭小区,只有一个门出去,围墙打开了以后,这几个弄堂连通着,很不安全。"也有一些居民对拆除围墙的费用有所顾虑,"我们是回迁房,本来公益性收入就少,拆除围墙的各种费用,以及后期的维修维护费从哪里来?"可见，对于"拆不拆""如何拆"，居民诉求多样，众口难调，动员居民共同参与是一大难题；而且老旧小区大多位于城市中心，普遍存在土地资源不足、用地协调难的情况，如何有效拓展改造空间是另一难题。

（二）群策群力：充分发挥居民自治功能

居民的利益和诉求是多样化的，解决群众关切的问题，势必要协调处理好各方利益。而利益的协调主要通过民主协商、深入群众调研、充分发挥自治机制作用来实现，广泛吸纳群众参与治理决策，将群众由社区治理的参与者转变为主导者、推动者，充分发挥人民群众在社区治理中的主体作用，使社区的痛点、难点问题得以妥善解决，最终达到了自我管理、自我教育、自我服务的目的，从而实现了居民自治。

针对拆除围墙事宜，两个居委会牵头，召开了多次楼组长会，与业委会、物业公司、社区民警、业主反复地协商、讨论、征求意见，进行头脑风暴。"改造前一些居民的热情并不高"，为了让大家达成共识，居委干部和社区志愿者多次上门做工作，每次都因为意见难统一、利益难协调搁浅了。"'美丽家园'建设，不仅仅是把居民居住的房子美化一下，小区环境也要美化，要尽可能把小区里面人为造成的隔阂全部打开。"有的居民提出了"没有围墙的围墙"这一设想，即在阳曲路391弄和临汾路380弄星城花苑相连的路口设置花箱，通过在不同弄堂过道处摆放一些花箱，既美化了小区环境，又有效阻挡机动车辆进入弄堂，避免391弄车位紧张；既方便了行人，又解决了乱停车问题，兼顾了居民差异化的利益诉求（见图1）。

"没有围墙的围墙"的设想很快体现到小区规划图纸上。这张规划图展示了拆除围墙后的小区效果图，在党支部会议作出初步同意改

图 1 临汾路 380 弄居民区打破围墙后

造规划方案的基础上,进一步召开楼组长会议介绍改造方案,征求楼组长意见,随后居民楼组长、业委会纷纷向居民宣传改造方案、走访居民家庭、上门征询意见等。居委会和业委会围绕这一议题召集全体业主参会,向其展示改造后的小区模样,答疑解惑。最终,全体参会人员举手表决,均同意改造方案。"摆放花箱"在一定程度上消除了居民的后顾之忧,拆除围墙"利大于弊",之前提反对意见的居民也逐渐接受了这个方案。绝大多数居民都站在了支持"拆除围墙"这一边,不少居民还主动做起劝说其他居民的工作。

(三)解民之所盼:提高居民民主参与积极性

拆除小区围墙的方案能够顺利通过并有序执行,一方面有赖于政府改造费用的支持。由于两个小区均属于回迁房,所属街区公共性收益较少,因而维修基金不足以支撑大型整体改造费用。而当时市政府推行"美丽家园"建设行动,能够为老旧公房及其小区内部居住环境的改造和完善提供资金支持。另一方面有赖于居民区党总支部和居委会依托这一行动,积极推动内部环境改造,具体为安装摄像头、建成封闭小区、推动平改坡、整修小区路面和绿化,解决社区居民的急难愁盼问题,厚植民意基础,提升居民信任度,从而调动居民民主参与的积极性,为解决拆围破墙过程出现的难题出谋划策,彰显社区自治的主人翁精神。

其一,安装高清监控探头,保障小区停车安全。阳曲路391弄小区面积比较小,停车位也相对较少,在没有其他公益性收入前提下,物业管理和服务的投入不足,居民多次反映夜晚停车没有安全感。申请政府专项资金用于安装摄像头,这样一来,能够确保整个小区处于24小时监控之中,既在一定程度上减少了人力成本的支出,也更加便利了社区和物业人员及时发现和处理突发性治安问题,预防和减少了故意划伤私家车、偷盗电瓶车以及入室盗窃等犯罪现象,有效保障了居民的生命安全和财产安全,极大增强了小区居民的安全感,提升了小区居民的居住体验。其二,将阳曲路391弄建成完全封闭式小区,同时明确停车费收入全部纳入物业公司以保障小区日常维护。"我们改建成封闭小区后,居住安全感得到极大提升,还被评选为'上海市文明小区'了",阳曲路391弄居民很满意。其三,推动顶楼平改坡工作,组织顶楼居民开展议事会,收集各方意见、商量解决方案。方案制定后,居民骨干挨家挨户说明改造缘由、征求同意,最终征得楼栋内三分之二业主同意,顶楼居民的漏雨和夏天炎热问题得以解决。"现在黄梅天降雨集中,再也没有出现过屋顶漏雨的情况了,而且小区物业也会定期维修和检查,因漏雨连电的安全事故也较少发生了"。

其四，修整小区路面和绿化（见图2）。在这一过程中，大部分居民都表示同意和支持，也有不少居民很不理解，到居委会大吵大闹，甚至拨打市民热线、到绿化局等地投诉："我们小区居委会破坏绿化环境，这么好的雪松说砍掉就砍掉了，从小区建立就有它们了，已经几十年长下来了，怎么能忍心把它砍掉了？"对此，党支部组织居委会和业委会骨干成员以及社区志愿者就绿化改建进行宣传，通过分享实际案例让居民了解移换雪松的真正原因，逐步化解居民不满："雪松本身属于浅根性植物，而且怕水，如果栽植地地势较低洼，植株根系处于地表，抗水能力差，或是受连续雨水天气影响，植株根部土壤经水浸泡变松，抑或冬季雨雪加重了植株的自身重量，就会容易出现倒伏和歪斜现象，甚至有小区出现了雪松倒伏压毁车辆的意外事件。"

图2　阳曲路391弄小区中心花园绿化改造后

回顾小区拆围破墙前后，施庭芳书记颇有感慨："其实凡是为居民着想的事情，尽管其中有曲折和不理解，但最终都会落地，重要的是采用恰当的方式帮助居民了解其中原委和利害关系。凡事都有一个接受过程，沟通在其中尤为关键。"

社区坚持以问题为导向、以群众满意为标准，引导居民讲述真实想法，共同发现急难愁盼问题，找出问题症结，通过社区居民议事会逐项确定方案举措，真正做到事事有回应、件件有着落。这四项举措有效解决了居民群众实际问题，提升了居民参与感，提高了居民对社区的信任感和归属感，也为后期拆围破墙改造工程顺利实施奠定民意基础。

三　汇集民意：唱响民主大合唱

针对围墙拆除可能导致的小区居民安全顾虑和停车规范性等问题，党总支部联合两小区的居委会、业委会以及志愿者认真调阅梳理相关文件材料，宣讲改造方案，展示施工效果图，上门征询意见，确保民意收集全覆盖、居民沟通无死角，晓之以理、动之以情，最终两个小区全体同意率都达到了90%左右，就拆除围墙达成共识。

拆除围墙推进的过程中仍遇到一些阻碍。譬如，居民担心拆除围墙之后的安全问题。为了消除居民对拆围墙后小区可能存在的安全隐患的顾虑，在充分调研居民意见的基础上，居委会决定将原来的门卫室"前移"，将原来一整条空路全部管住，不让外来车辆进入，解决了乱停车问题。同时，星城花苑的门卫支出不影响阳曲路391弄，也能够更好保障391弄小区的安全，在这一点上"391弄居民心理还是平衡的"。

改造过程中,街道充分发挥党建引领作用,拆掉违建围墙,打开心墙,以文明创建营造社区生态,实现居住品质大幅提升。在规划、街道和专业团队与居民共同努力下,通过拆除围墙,共享公共空间的方式,将原本互不相通的两个独立住宅组团形成整体,大大提高了空间使用率,提升环境品质。如今的星城花苑和阳曲路391弄小区,道路宽敞、整洁有序,随处可见步道座椅,居民坐在一起晒太阳,孩子们在一旁嬉戏打闹,丝毫看不出这里曾围墙高筑、环境脏乱。"现在走在小区里,不再是一片破旧暗沉的模样,而是明亮宽敞的景象,看着就舒心,真心为社区点赞!""围墙打开以后确实方便多了,视野开阔,不像以前一出来一看就是一堵围墙。""以前垃圾随意堆、灰尘到处飞,还有居民随意晾晒衣被;现在是柏油路、新电梯,停车位也多了,环境大变样,空气都更新鲜了。"(见图3)

图3 拆除围墙后的宽阔柏油路

谈到小区环境的改观，星城花苑和阳曲路391弄小区居民的脸上洋溢着幸福。

今天，两个小区中间的围墙已被全部拆除，各小区主干道路也进行了拓宽，小区面貌焕然一新，居民参与社区事务的民主参与度不断提升。小区居住环境改善之初，基本是街道指导居民区去做相关工作。随着工作推进，涉及顶楼居民住房平改坡、绿化移位、机动车停车位占用等问题，不仅要征询小区业主的意见，对于碰到的难题主要还是由居民共同协商解决，居民的参与度提高了，就会主动去了解实际情况；涉及自身利益了，就会充分表达意见；看到改造项目初见成效，就有更多的居民参与进来；参与的居民多了，想拆除围墙的居民便开始主动做有顾虑的居民的工作。从改善小区居住环境、实现小区封闭式管理到拆除围墙，其中折射出的不仅是社区居民有序地参与民主协商、民主决策、民主管理、民主监督的实际成效，还是推进民主与现实社会生活紧密结合的生动写照。

"这堵墙拆掉后，小区空间大了很多，我们变一家人了。"横亘在星城花苑和阳曲路391弄小区的一堵围墙拆除后，两个小区走上了全方位统筹治理之路，物业公司由静安置业统管。"拆除围墙"，不仅仅拆掉了物理空间上的那堵墙，也打开了社会基层治理的新思路。共建共治共享的组织实施机制，也让居民尝到了甜头。一墙拆，满盘活，借助拆除围墙、区域扩大的契机，小区内新增了停车位，停车难窘境也得以缓解，解决了累积几十年的管理痛点。"在一次次的协商探讨中，大家心齐了。""现在遇到问题，大家都想开个会讨论，居民还自发成立了协商小组、议事小组等各种自治平台"，真正从"要我改""要我参与"变成了"我要改""我要参与"。

四 临汾经验：拆围探索与有序管理

上海有不少老旧小区，年代久远，规模很小，有的甚至只有一栋楼，堪称"迷你小区"。这些小区都是物业避之不及的，久而久之，便成了基层治理的一块"洼地"，也成为居委干部的一个"心病"。但是，再小的小区也不该被遗忘。星城花苑和阳曲路391弄小区拆除围墙的探索，实现了对老旧小区的有序管理，也由此打开了城市治理的新思路。

（一）坚持党建引领作用

临汾路380弄居民区坚持发挥党员带头和宣传作用，扎实推进人民当家作主的基层实践落地落实。拆除围墙并非易事，所遇到的最大阻力来自居民。尽管对社区而言，拆除围墙、治理整合，算的是一本"大账"，而居民也会算"小账"。由于对小区物业管理水平的质疑，对物业管理费调价的忧虑，个别居民产生了抵触情绪。星城花苑和阳曲路391弄小区拆除围墙的实践证明，"拆墙"不仅仅是空间的打通，更是人心、制度的打通。小区充分发挥了党建引领作用，架起了一道多元主体系统联动、居民自治共治协同配合的平台，大家聚在一起，把话摊开讲、把事说明白，通过群策群议消除居民的疑虑，一起引导居民算那笔"大账"，力求取得更长远的共识，谋求更大的合作空间。

（二）坚持人民至上的根本取向

人民性是全过程人民民主鲜亮的底色。全过程人民民主的实现，既为了人民，也依靠人民。基层社会治理归根到底就是要回应人民群众对美好生活的向往，必须把居民群众的操心事、烦心事、揪心事作为头等大事，作为基层民主协商的重要议题，努力为社区居民创造高品质生活，真正把为民办实事的进程变成凝聚人心、形成共识的过程。"我们党支部、居委会的首要任务，就是为社区居民服务的，我们基层工作人员只有深入到居民群众之中，多听多问，了解并满足居民诉求，多办实事。服务好了，人心也齐了，居民参与社区事务的积极性也提高了。"临汾路街道始终坚持走好群众路线，通过党员、志愿者、楼组长建立常态化联系，关注居民意见，听取居民声音，切实掌握居民群众的急难愁盼问题，努力在推进社区共性问题和突出问题的协商解决上下功夫，切实让居民有实实在在的获得感和幸福感，也为基层民主协商厚植民心土壤。

（三）坚持以解决社会生活基本问题为导向的民主原则

全过程人民民主体现政治民主和生活民主的有机统一。在积极发展全过程人民民主过程中，把人民当家作主落到实处，解决人民群众基本生活问题，一直是基层治理探索的方向。不能解决人民群众问题的民主是形式主义的民主、价值褪色的民主、失去治理效能的民主。因此，民主不仅是制度安排，也是每个真实个体的生活方式与实践形式。只有将民主与社会生活深度融合，才能激活民主的生机，焕发民主的活力。街道始终坚持实事求是，帮助星城花苑和阳曲路391弄居委会将民主与居民生活实践有效连接，直接回应民生问题，成功化解拆围破墙及其带来的一系列问题。

（四）坚持社区事务有商有量的工作原则

"有事好商量"是中国人普遍的交往模式，"协商"深刻嵌入中国人政治生活与社会生活中。在小规模群体中注入协商民主,能够在理性审慎的沟通交流中凝聚共识,得到人人满意的"最大公约数"。作为当前提升城市生态环境的重点工作,拆围破墙项目的顺利实施有赖于居民自身力量的高度参与。面对不同意见,党支部通过业委会、楼组长、志愿者等多个渠道,广泛收集居民意见和建议,为街道、社区和居民之间搭建桥梁,逐个解决居民提出的安全问题、停车问题、绿化问题等;社区党员也深入居民中间担当起传声筒和协调员的职责,搭建居委会和社区居民沟通的桥梁。"沟通是处理解决社区居民难题的有效方式,通过沟通既能传达社情民意、反映居民诉求,也能帮助居民了解居委会服务居民的真实目的。"临汾路380弄居民区真正将"沟通协商"落到实处,通过多管齐下,顾虑慢慢化为共识,反对逐步转成支持,拆除围墙也水到渠成。在这个过程中,人民群众有序、全程、充分参与到了社区建设中,通过街道搭建的平台和渠道,实现了民事民提、民事民议、民事民决、民事民办的过程民主和结果民主相统一。

(五)拓宽治理主体有序参与基层治理共同体建设的渠道

基层汇聚着大大小小与人民群众直接挂钩的事,一些事情看似是小事,实则可能是关乎千家万户的大事。从这个意义上来说,在基层治理中持续拓展人民群众有序参与决策的制度化渠道,使得决策最大程度吸收、容纳和整合基层群众的利益诉求,既有助于体现全过程人民民主的广度和深度,更能在民主实践中实现平等沟通、解惑答疑、推动共治、调解矛盾、达成共识、惠及民生的现实功用。街道层面,通过坚持和完善社区代表大会、政协议事厅等工作机制,引导"两代表一委员"、党员先锋等充分发挥建言献策作用。街区层面,通过组建行业党建联盟、打造"街区共同体"等方式,引导社区党组织、行政职能机构、驻区单位、区域化共建单位等多元主体共商共治,实现条块融合在网格、毗邻联动在网格、问题解决在网格。居民区层面,聚力三驾马车打造"红色家园",由居民区党总支牵头,坚持每月定期开展"1+5+X"联席共治会议,拓展居民在家门口共同商讨问题、破解难题的平台。楼组层面,搭建"楼组议事会",围绕小区综合治理问题,引导在职党员、群团骨干发挥作用,推动更多人民"金点子"化作治理"金钥匙"。

新时代以来,阳曲路760弄充分利用共治联席会议,引导各方共同参与拆围墙工作;保德路241弄片区推动民主协商常态化,通过相关方反复协商,最终形成拆除通道围墙的方案。临汾路街道不断扩展全过程人民民主基层实践的广度和深度,在社区治理和社会治理中充分践行基层民主,用一个个百姓身边的鲜活场景,努力打造全过程人民民主的最佳基层实践地,也为全过程人民民主在"最后一公里"发挥功能提供实践场域。

撰稿人:高　原　赵秋月

破解停车难：搭建常态化议事协商机制

2014年，习近平总书记在庆祝中国人民政治协商会议成立六十五周年大会上的讲话中指出："有事好商量，众人的事情由众人商量，找到全社会意愿和要求的最大公约数，是人民民主的真谛。"总书记在党的二十大报告中提出："完善协商民主体系，统筹推进政党协商、人大协商、政府协商、政协协商、人民团体协商、基层协商以及社会组织协商，健全各种制度化协商平台，推进协商民主广泛多层制度化发展。"这为新时代全面发展协商民主指明了方向。

作为全过程人民民主的重要实践形式，协商民主贯穿于基层治理的各项事务之中，不同地域、不同社区都结合自身的条件与资源尝试实践不同的协商机制。针对近年来上海老旧小区普遍存在的"停车难"问题，临汾路街道在党建引领下，集聚各方资源、调动业主参与，总结基层协商民主工作经验，搭建协商对话平台，群策群力，制定个性化停车方案，通过重新调整区域内老旧小区的公共区域规划等举措，历史性解决了困扰多年的停车难题。

一 党建引领，切实关注居民需求

康悦亚洲花园位于临汾路街道临汾路99弄，自2007年正式开放入住，最初规划时，仅有200多个地下固定车位和70多个地面临时停车位。10年之后，小区内硬件设施逐渐老化，监控探头缺失，小区有800余户居民，私家车有近600辆，难以满足居民的需求。整改前，小区道路多为泥路，下雨天车轮混着泥土在小区里行驶，留下的泥印远远看着十分脏乱，不少居民表示，希望能够改善小区环境（见图1）。同样，近旁的临汾花园小区建于1997年，居民1 650户，拥有545个道路停车位，由于历史原因，其中128个车位为固定车位，小区每日夜间实有车辆701部，需求远大于供给。在这一情况下，车位靠抢、随意停放，车辆堵塞了交通道路，更堵住了居民幸福、安全的出行。很多居民反映，"晚上下班回来私家车根本没办法开进来，主通道都被堵住了"，"小区车子多了，大家都是插缝停车，实在停不下的就停在绿化上，晴天的时候尘土飞扬的，雨天又变得泥泞不堪，小区环境有点糟心"，"不光私家车，电瓶车也是都随意地停在自家楼底

图1　康悦亚洲花园改造前停车状况

下，车挤车，总是会有停在最里面出不来的状况，难免有口角""小区没有监控，车子上总是有故意留下的划痕""路面坑洼，我们老人出入也不方便，更不敢晚上下来遛弯，怕摔骨折"。车位紧张、随意停放、车辆安全、居民特别是老人夜间出行隐患大、小区绿化被破坏等问题，成为小区居民的主要困扰。

更严重的情况是，乱停车造成小区"生命通道"的阻断。例如，康悦亚洲花园一户居民家厨房冒出浓烟，邻居拨打了火警电话。消防员赶到，消防车却开不进来。消防员只好携带装备，步行进入小区实施救援。很多居民心有余悸，"这可是人命关天的大事"！临汾花园的居民也反映，"有一家叫了救护车却进不来，支路上的车子堵到担架都抬不进去，只能抬高担架从车顶上一点点抬过去"。车辆乱停乱放，使得居民的生命安全和财产安全问题成为一大隐患。而且，小区硬件设施的更换需要动用维修基金，且维修基金金额庞大，当时尚未组建业委会，大多数居民对工程方面的了解不够专业，对资金的使用也有着顾虑，意见难以统一，这让小区改造一度停滞不前。

针对这一情况，居民区党总支首先站了出来，综合小区实际情况，走出解决"停车难"问题的第一步棋——推动组建新一届业主委员会。业委会发挥着沟通业主和物业公司的桥梁作用，传达业主的建议与要求，并协助居委会落实具体治理任务、开展居民协调等工作。场中路1011弄肖昌书记向我们解释："没有业委会，我们小区中很多具体工作难以落实，比如我们居委会是没有权力修改停车规约的。"随着入住率不断提高，老旧小区日常管理的问题日益暴露，居民对改善居住环境、完善基础设施等方面的诉求也日益强烈，成立新一届强有力的业委会势在必行。同时，以往几届业委会在实际运作中存在种种问题，导致居民信任危机，需要街道党委和小区党支部发挥引领作用，规范小区业委会建设工作。"小区建好后，考虑到更好保障小区居民权益和实现居民自治的现实要求，我们先后成立了两届业委会，但由于居民反映的问题都是成年累月的旧疾，牵扯的矛盾也错综复杂，加上当时业委会内部管理不善、结构不合理等问题，使得矛盾愈演愈烈，甚至居民觉得业委会不作为"，康悦亚洲花园的业委会主任王永康说。解决小区"停车难"问题，调动广大业主参与解决该问题的积极性和主动性，迫切需要党建引领下的社区"两委"、业委会、物业公司相互协助，通过协调会、恳谈会等形式反映民意、化解纠纷，提升社区居民自治能力。

临汾路99弄居民区党总支、居委会在优化业委会成员构成上下足功夫。为了推动小区改造工作顺利进行，居民区党总支通过走访调研，摸排出了一批热心小区事务的优秀志愿者，在征询他们的意见后，组建了一支全部由党员构成的"红色业委会"，由3位在职党员、6位退休党员组成，居民区党总支书记黄健介绍："这样的人员结构目前看来是最优的，既有经验丰富的老同志，也有思想活跃的年轻人，最重要的是，他们都热心社区事务，愿意服务好居民。"当然，业委会换届过程中也不可避免遇到了一些阻力。譬如，临汾花园的新一届业委会选举过程便是"跌宕起伏"。"选举初期，好多居民对候选人投出了反对票"，面临这种情况，临汾花园党支部和居委会动员党员同志和志愿者深入到各家各户，了解居民反对的原因，"我们要看居民反对他，是跟风还是邻里恩怨，有没有涉及这个人的品性、底线等，有问题我们是一定要撤换掉的"。最终，通过居民自荐、推选和投票，新成立的业委会由7人组成，其中在职居民3人，退休居民3人，1人为全职妈妈，党员占比60%，达到了比较理想的人员构成。

两个小区通过组建新的业委会，有机联通了居委会、业委会、物业公司以及业主的发声渠道。紧随其后的第二步工作就是党支部牵头组织居委会和业委会成员开展调研走访,了解居民急难愁盼问题,逐步明确改造停车位的各方诉求和共性需求。比如,换届后,场中路1011弄新一届党总支即开展大走访征求意见,共同梳理出居民的共性需求,为后续工作找准了方向,确立了综合治理工作策略和循序渐进工作思路,从而推动停车位改造顺利开展(见图2)。

图2 康悦亚洲花园改造后的停车位

而在同一个小区,如何开辟出更多的空间、增加车位,成了居民区党总支和居委会关注的焦点,而小区停车难问题到底要不要解决,还是得由居民自己决定。居民区党总支在摸排问题的基础上及时召开了居民党员大会,在党员居民中征询意见,得到多数认可后,又召开了多场业主会议,进行多轮协商。考虑到很多在职业主、年轻业主是私家车车主的主力军,一些业主会议被安排在下班后的时间,尽可能邀请他们来发表意见。在经过多轮讨论后,小区业主普遍认为:停车难、道路环境差是小区多年治理顽疾，到了不得不解决的地步。每一次协商会议均由小区党总支书记组织开展、主持引导，并发动党员积极参与，保证协商议事规范有序。例如，康悦亚洲花园居民区党总支牵头，居委会、业委会、物业共同确定了诸多协商议题和工作思路，制定了综合治理方案，随即召开了8场业主沟通会。"首先党员先开会，年轻党员提了一些比较合理的建议，紧接着召开楼组长会议，就各个层次各个年龄段居民，我们还专门开了夜场，因为我们需要听听年轻业主的意见。"经过多轮沟通，康悦亚洲花园小区车位、绿化规划方案在业主大会的投票中通过率达到92.7%，充分显示了协商机制的效力。"党总支带领、党员带头、发挥党建网格力量，各党支部发挥'战斗堡垒'作用，集聚各方资源，共同解决居民急盼难愁问题，提高居民的社区治理参与意识，共治共享共创美好家园。"黄健书记这样总结。

临汾路街道居民区党总支坚持以人民为中心，以党建为引领，以满足居民群众对美好生活的向往为目标，将社区民主协商的工作模式应用于停车位改造的实践中，逐渐发展为党总支领导下居民、物业等多方参与的多元治理主体，增强了社区服务能力，打造了全方位、全要素、全周期的为民服务主阵地，切实增强了群众获得感、幸福感和安全感。

二 稳扎稳打，调动居民积极性

停车难问题涉及地面车位不足、绿化破坏、机动车与非机动车乱停乱放、外来车辆停车收费等问题，复杂而烦琐，盲目推进停车位改造极易引起民意纠纷。加之，以往业委会在工作思路、工作方法上考虑不周，曾引起居民不满，进一步加剧了小区顽疾的处理难度。因此，从根本上解决停车难问题还须从长计议。康悦亚洲花园的停车改造前期工作效果较为突出，居民区党总支明确居民需求后，决定分阶段解决居民诉求，第一阶段为规划停车位改造方案提供前提条件，逐步争取建立广泛民意基础，随着居民对社区工作的满意度不断提升，一定程度上也会激发其自主参与社区事务的积极性，在此基础上开展第二阶段工作，逐步开展车位改造方案。"一年接着一年干，一件接着一件办，小区改造实实在在提升了居民的幸福感，我们一定要持续推进！"黄健书记表示。

第一阶段第一步，安装道路监控、高空抛物监控和梯控，规范小区治理。小区没有完善的监控系统，偷盗、车辆划伤、非机动车上楼，甚至堵塞安全通道等问题时有发生。有鉴于此，首先摆在党总支、居委会和业务会面前的便是安装道路监控和高空抛物监控。但协商过程并非一帆风顺，在安装梯控的协商会议上就出现部分楼组长反向引导的现象，比如他们认为"如果安装了梯控，家中有朋友或者亲戚来访，都要业主下楼去接，不方便"。业委会主任王永康本是退休的企业党委书记，来到社区后一直担任党支部书记。此前，他就常常向居委会建议为小区安装监控探头，但当时大家对摄像头的采购、安装等一系列流程并不了解，且如何说服整个小区居民同意安装也是一大难点。面对困难，王永康没有退缩，他表示："这是关系着居民安全的大事，我们业委会一定要想办法做成！"他与曾任企业总经理的业委会副主任徐志耀、居委会工作人员一起走遍了小区的每一个角落，摸排需要安装探头的位置。摸排下来，共有140处需要安装。他们还收集整理了近4年的相关数据和周边小区探头安装情况并制成视频、PPT在小区意见征询会上进行展示，还邀请专家制作了探头安装效果图,以最直观的方式摆数据、讲事实,说服居民同意安装。

党总支、居委会、业委会以楼栋为单位挨家挨户进行宣传,设置实名制投票,只有楼栋内全票通过方可执行加装梯控的方案。安装梯控之后,可以及时掌握电梯运行情况,极大提高电梯安全性,保障了居民人身和财产安全,那些感受到实实在在的保障和方便的楼栋居民便会在业委会内部主动进行宣传。而那些未全票通过的楼栋中,希望安装梯控的居民为了自身利益也会积极与反对安装的住户沟通。居民内部的沟通渠道,进一步提高了方案通过率。2020年年底,小区安装了140余个探头,包括每幢楼栋大厅。这样一来,大到公共安全,小到快递摆放皆有迹可循,大大提升了居民的安全感,业委会也因此获得了居民们的信任。

第二步,实施灯光照明工程,解决夜间昏暗的居住环境。小区环境的夜间照明可以帮助居民在夜间识别道路上的障碍物、危险和方向,提高公共安全,也提高了居民的生活质量,改善小区环境。这一照明改善方案因不涉及居民个体利益,着重解决小区公共问题,因此在业主大会上得到了绝大多数居民赞成。不仅如此,还有业主提议小区灯光照明必须在满足功能照明的前提下兼顾美观。"现在,小区里增加照明之后,晚上下楼遛弯的人都变多了,也不用担心磕到碰到了",居民对改造后的小区环境非常满意。康悦亚洲花园改造前,小区灯光昏暗,老年人不敢夜晚出门,不少晚归的居民也难以识别小区出入口。改造后,照明灯有效解决了居民夜间出行的安全问题,小区东广场的景观灯光成为小区一道靓丽的风景线。

第三步,开辟非机动车停放区,配备电动车充电桩。小区内电动车乱停乱放、进楼道、随意充电等,极易堵塞安全出口、引发火灾,存在重大安全隐患。同时,小区原有非机动车公共停放区域容量有限,无法满足居民停车和充电需求。"安装梯控之后,电瓶车就不能进入楼道了,随之便会带来电瓶车安全停放的问题,而且小区原有的电瓶车停放车库,坡度较陡,年纪大的住户进出车库比较吃力,况且也不安全。所以,我们居委会和业委会便考虑把后面荒废的这片改造成非机动车停放区,同时配上充电桩。综合算下来,大约有一百来个车位,基本上够用了"。社区党总支联合物业花费三个夜晚排查楼道内的非机动车数量,同时与业委会讨论改造方案、划定停放区域,随后分别召开楼组长会议和全体业主大会征集意见,最终通过改造方案。随着非机动车停放问题的集中解决,小区居民切实感受到党总支、居委和业委会为居民办实事、解决问题的诚意和用心,对其工作的信任感和配合度也大幅提高。

经过第一阶段的"三步走",社区党总支充分运用民主协商的方式,在推进完善小区监控系统、改善灯光照明、开辟非机动车停放区等工程中,充分发挥社区居民、社区党总支、居委会、业委会、物业公司等社区治理主体的主人翁作用,既找到了社区意愿和要求的共性区间,改善了居民居住环境,提高了小区居住舒适度和安全度,也激发了居民参与基层协商民主的活力,为后续彻底解决小区停车难题厚植民心土壤。在此基础上,居民区由党总支牵头,多次召开了居委会、业委会、物业公司等相关单位参加的社区事务联席会议,经反复研究,最终达成共识,"解决停车问题必须要因地制宜、以人为本,把居民自治的作用发挥到最大",进而提出了第二阶段"六步走"的工作设想。

第一,将"适当拓宽狭窄道路,使车辆可以交汇通行"——将拓路经费从小区停车收费中支出的方案提交到业主代表大会讨论。第二,经业主代表大会充分讨论同意该方案后,向每户居民发放意见征询表,进一步广泛征求居民意见。第三,将征询表收集、汇总、分析后,再把持有不同意见的居民(特别是无车业主)请来,召开听证会和沟通协调会,介绍目前小区停车的现状和矛盾,理解改堵为疏、与人方便和与己方便的辩证关系,明确小区创建和谐氛围需要居民齐心协力的共识。第四,给每位驾驶员发放相关宣传告示,要求他们从自身做起,规范停车、文明停车。第五,在拓宽的道路边上,每两栋楼建造一个港湾式的非机动车停车棚,同步解决非机动车乱停放的现象。第六,为进一步营造优美、舒适的氛围,在小区的围墙边上新开辟一条绿化带和一条休闲小道,优化环境的同时,方便居民活动。"六步走"的工作方案采取先易后难的办法,哪条道两边的业主同意就先改造,经过近两年的努力,小区拓宽了15条狭窄的支路和一条主干道,搭建了54个港湾式的非机动车停车棚,并且做到"零信访"。小区"人行难、车难停"的问题得到妥善解决。2022年10月,小区道路改造全部完成(见图3)。开阔的主干道两旁铺设了镂空的地砖,雨雪天再也不会有淤泥。停车位也用线清晰地勾画了出来,比起原本杂乱无章地停放,改造后地面重新规划了近230个临时停车位,加上原有的地下车库,从而大大缓解了小区停车难的问题。最重要的是,道路畅通无阻,生命通道敞开,尽可能应对各种危急情况。小区硬件升级带来的是居住体验的飞跃,老住户张阿姨

图3 康悦亚洲花园改造后的小区景观

激动地说道:"小区这样一翻新,环境好了很多!能住在这么干净、整洁的小区里,我感到很幸福!"

三 寻求共识,搭建协商对话平台

城市社区协商民主作为一种基层协商民主形式,不仅能够提升基层社区治理成效,促进社区和谐发展,同时也能进一步为中国式民主的发展奠定坚实的基础。临汾路街道两个社区平日里大大小小的矛盾纠纷多,停车治理的"痛点""难点""堵点"也多。为此,社区通过搭建对话协商平台,多次组织居民开展线上线下的协商议事,着力破解困扰多年的停车难题。特别是临汾花园小区,小区取消固定车位的呼声一天比一天强烈,但是取消固定车位涉及调整利益格局,达成共识并不容易。因此,党总支借助新规要求调整车位管理方式这一契机,适时提出"取消固定车位"的协商议题。但由于其涉及各方利益,很难立刻达成共识。鉴于此,党总支和居委牵头搭建起了"1+5+X"共治联席会议平台,由居民、物业、业委会、志愿者等主体共同参与,同时依托党员会议、楼组长会议等机制,各自提出目前社区停车的最大难题,并合理表达自身的利益诉求,共同商讨解决的手段和对策。

其一,通过居民区多层面协调会搭建对话平台,保证固位车主、临停车主、无车业主等不同利益主体在协商治理的全过程均能充分表达自身诉求,通过协商对话寻求全小区意愿的"最大公约数",最大程度凝聚居民共识。"我自己有固定车位,自己停车也够用,况且固定车位是我早就花钱买下的,取消之后我岂不是停车不方便了?""我们是后来搬进来的,小区里根本没有剩余的固定车位了,每次回来找车位都得找半天。"临汾花园小区的居民纷纷表示。肖昌书记介绍,

"一边是128位固定车主的坚决反对,另一边是数百位临停车主的强烈主张,两派人数相当,互不相让,甚至到了每天拨打110的地步"。为此,党总支、业务会组织固位车主、临停车主、无车业主等不同利益主体召开协商会,让各个业主充分发表意见。在这个过程中,梳理总结出小区业主的六大共性需求:增加停车位、取消固定车位、取消外来车辆包月优惠、一户多车阶梯式收费、修订停车管理规约、定期公开停车收益。后续各种形式的协商议题都围绕这六大需求展开。在改造过程中,居委会也充分尊重居民的合理化意见,实行"一区域一方案"的模式,随时对施工规划进行调整。比如康悦亚洲花园,原本居委会规划在小区门口的1、2号楼墙边划出停车位,而居民认为停在门口影响出入,且旁边就是绿化带,停在这里也不美观。居委会听取居民的建议,在充分征询了1、2号楼栋居民的意见后,保留了绿化带,取消了此处停车位的规划(见图4)。

图4 临汾花园小区改造后的停车位

其二，通过深化小区"1+5+X"会议制度，明确居委会、业委会、物业公司以及自治团队等各自的职责，为小区《停车管理规约》的顺利出台以及后续的平稳实施提供有力保障。"我们也是借着2021年新施行的《上海市住宅物业管理区域机动车停放管理规定》，提出修改以前的停车管理规约，毕竟十几年前制定的规约已经不适用现在的停车管理需求了。"为此，党委牵头居委会、业委会、物业公司以及楼组长先召开了一次协商会议，讨论新规约的主要修订内容，形成初步方案。随后，楼组长将初步讨论的方案发到各楼组微信群内，各业主发表意见，进行投票。"因为微信群既能即时沟通，也能实名制，可以更好保证大家就事论事。虽然第一次投票没有通过，但是反馈回来的意见很多，对我们进一步改进工作帮助很大。"随后进行的第二次协商讨论，则主要围绕业主意见进行有针对性的方案修改，同时，邀请专业律师团队介入，为方案作法律方面的问题把关。"这一次修订的方案再次发到楼组微信群里，意见就比较集中了，主要是一户多车阶梯收费、强化审核机制等。我们又进行了第三次修订，这次之后就已经达到90%以上业主同意了。"肖昌书记介绍道。

其三，将街道、街区、辖区单位、居民区等各级组织均纳入"社区大协商"对话平台，最大程度地整合资源，为小区解决难题提供更多可能性。小区停车难的根本原因在于既有停车位数量不足。为有效解决这一问题，小区党总支积极寻求街道的帮助，经多轮协调，以公益价格租赁了周边一块2 000平方米的空地用于停车，直接增加了66个停车位，总停车位增至611个，实现了实有车辆与车位数量的供需平衡。此外，由于先前停车管理不规范，小区新能源车飞线充电的情况难以根治，安全隐患丛生。在得知上海市委、市政府将充电桩示范小区建设列入2022年度为民办实事项目后，居民区迅速反应、抢抓机遇,成功申请成为2022年度上海市充电桩示范小区,新增98个汽车充电桩,解决了小区电车充电问题,也为后续智慧化管理打下了基础(见图5)。一位业主表示,"现在充电的话,基本上能找到空的充电桩,不用再为没地儿充电抓狂了,而且一度电也才8毛多,很实惠"。肖昌书记还讲到小区未来停车管理愿景,"后续还准备开发一个智能停车的APP,目前已在所有车位下面都装载了电磁感应,以后居民就能直接打开手机实时查看小区空的停车位,将会极大节省临时寻找车位的时间"。当康悦亚洲花园在改造过程中遇到绿化移植难题,街道主动联系了静安区绿化局,在专业部门的指导下对小区绿化进行了合理调整,社区管理办、城运中心也全程从旁协助,确保改造工作顺利进行。此外,为了防止在协商解决中出现矛盾的进一步激化,小区也与社区民警进行了沟通和交涉,尽最大努力将问题遏制在萌芽状态

图5 临汾花园小区新增的汽车充电桩

下，为顺利促进各方沟通、提高协商质效保驾护航。

其四，协商过程中引入外部力量，将居民自我协商和专业力量结合起来。居民是社区协商的主体，但也面临着结构性矛盾难以调和、专业知识储备不足等问题。因此，在社区协商过程中，首先要强调居民的自我协商，同时也要将居民自我协商和专业性辅助力量结合起来，运用专业性辅助力量提高居民自我协商的规范化程度，进而提高整个居民的议事效率，最终提高协商解决相关问题的有效性水平。比如，在编制《小区车辆管理规约》过程中，居民区党总支就邀请社区法律顾问参与指导业委会工作，从法律层面上再次确认当前的某些停车条款的合法合理，确保后续协商过程依法合规，以及协商结果合法有效。在具体协商过程中，居民区也邀请专业协商力量和法援组织共同参与，在社区专业协商师的指导下，把取消固定车位、一户多车阶梯式停车价格、亲情停车享受人员、停车管理规约修订等多个需要协商的事项合并征询，大大提高了协商效率。

四 临汾经验：常态化议事协商机制

临汾路街道将在推进老公房加梯的长期实践中总结形成的"社区协商123"工作法进一步应用到协商解决停车难问题上，妥善解决了困扰多年的停车难题。街道还会同第三方社会组织编写了《临汾路街道社区民主协商指导手册》，探索全面复制123工作法，推动社区协商制度化、规范化、程序化建设，努力把协商民主的制度优势转化成基层治理的善治动能，"民事民提、民事民议、民事民决、民事民评"，社区协商议事机制渗透进社区居民行为意识的方方面面。

其一，提升居民主体参与机制。一是平衡议事代表整体结构，居民议事代表不仅有本社区的意见领袖和精英代表,还有不同阶层、不同年龄等各行各业的群众代表。二是找准议事专题的利益攸关者,由需求方、资源方、组织方及议题相关的行家、专家等共同参与议事协商。三是提升居民议事代表的参与程度,为提高信息收集效率,通过社区议事骨干队伍组织与再造,让作为议事代表的网格员、社工、志愿者深入居民生活中去,从被动接受群众反映问题变为主动了解社区居民生活诉求。四是丰富参与主体队伍,提高居民参与社区建设的积极性,凝聚社区多元主体力量参与社区治理。

其二,完善议事协商程序和规则机制。一是增强议题精准性。精准选题是协商议事取得成效的前提和基础。选题应与民生实事紧密关联,要广泛收集民意,聚焦百姓急事和难事,避免主观选题。二是促进议事程序规范性。议事协商程序规则是社区议事平台的制度支撑,能够保障议事的平等自愿和整体有序,进而高效达成议案并转化为集体行动。三是加强议事协商灵活性。议事程序和规则应将规范性和灵活性相结合,充分运用社会工作理念中的关怀和温情,保证议事快捷有效,回应诉求弹性灵活。采用大事公助、小事互助的方式分类解决居民诉求。

其三,促进执行资源协同治理机制。在各利益主体之间构建新型合作关系,就社区内部重大项目进行平等协商、沟通合作,将代表不同主体的利益诉求纳入"议题讨论—方案出台—问题解决—方案反馈"全过程,从不同领域、不同角度思考社区问题解决和诉求满足的方式,用联动协同的理念引导全体成员共同探讨有益于多方的"最大公约数",进一步践行共治共建共享的理念。

其四,优化议事反馈改进机制。通过设立"心愿单"等形式,广泛征集居民建议,引导和优化"金点子"转化为提案。邀请相关专业人员根据创新性、预算合理性、公益性、影响力等维度和指标对提案项目进行筛选，最终确认执行提案。对重点提案项目进行重点跟进，对实施过程保持日常监测、指导。通过街道和社区总结会，对提案项目的实施过程进行总结，改进和调整管理运作方式，挖掘形成好的经验案例，提升居民参与的获得感与价值感。

撰稿人：屠毅力　赵秋月　杜依灵

3

践行人民城市理念

"双美"工作：
打造靓丽的街区风景线

2015年，习近平总书记在中央城市工作会议上的讲话中提出："城市工作要把创造优良人居环境作为中心目标，努力把城市建设成为人与人、人与自然和谐共处的美丽家园。"2019年，总书记在上海考察时指出："无论是城市规划还是城市建设，无论是新城区建设还是老城区改造，都要坚持以人民为中心，聚焦人民群众的需求，合理安排生产、生活、生态空间，走内涵式、集约型、绿色化的高质量发展路子，努力创造宜业、宜居、宜乐、宜游的良好环境，让人民有更多获得感，为人民创造更加幸福的美好生活。"总书记在党的二十大报告中进一步指出："实施城市更新行动，加强城市基础设施建设，打造宜居、韧性、智慧城市。"

打造美丽街区、美丽家园的"双美"建设，是上海践行人民城市理念的一项生动实践，自2015年启动以来，以提升城市居民生活质量和幸福感为目标的"双美"工作，在临汾路街道得到了广泛实践。街道通过辖区集中规划和"拆、建、并、管"相结合，街区"治水"和小区改造双管齐下，使得老旧城区居住品质明显提升，居民对美好生活的期待也得到进一步实现，部分小区入选住房和城乡建设部办公厅公布的"加强物业管理 共建美好家园"典型案例。

人民城市在临汾社区的实践
——老百姓眼中的"全过程人民民主"

一 现实需要：临汾路街道面貌的薄弱环节

走进临汾路街道，人们可以直观地感受到城区环境的整洁、优雅。缓缓流淌的西泗塘河纵贯南北，水质洁净。河畔绿地相嵌，空气清新，微风怡人。沿河步道正是居民散步休闲、锻炼身体的好去处，漫步其间，仿佛进入了一条绿色长廊，让人忘却了市区的喧嚣与压力，享受片刻宁静（见图1）。转过弯来，步入临汾路等主要街道，只见道路两边门面整齐有序，沿街绿树轻轻摇曳，路旁还不时点缀着由红色电话亭改建的社区阅读亭。整洁的街面和宜居的居民小区，共同构成了一道独特的风景线。

然而，临汾路街道的良好面貌绝非旦夕而成。曾经的临汾路街道也面临着现代城市发展的一系列共性问题。大约10年前，这里的基础设施还很薄弱。突出的问题之一是，街道辖区平均海拔不到5米，而

图1 临汾路街道居民区内绿意盎然

"双美"工作：打造靓丽的街区风景线

西泗塘河的水位比小区还高，是一条名副其实的"地上悬河"。再加上道路破损比较严重，导致形成了7个积水点，一旦暴雨、台风到来，就会出现内涝。2015年防台防汛的时候，地面水位最高时可以淹到行人的小腿肚，街道工作人员甚至形容说"可以划船了"，其严峻程度可想而知。同时，小区里雨水污水分流不畅，严重影响了居民日常生活。西泗塘河河面漂浮着各类生活垃圾，河水黑臭，西岸沿线杂草丛生，缺乏规划和维护，晚上路灯昏暗，甚至发生过一些刑事案件。住在河岸小区的成先生说："以前这个河道又黑又臭，只要窗户一开一股臭味就扑面而来，害得我们一年四季不敢开窗。"居民秦女士也抱怨道："过去这里十分冷清，特别是到了晚上10点后路灯也没有，让人吓丝丝的，不敢外出，更别提锻炼了。"附近小区的居民跑步跳舞，宁愿舍近求远，绕圈子来回花费几十分钟时间到岭南公园去。

此外，临汾路街道辖区的街面环境也不容乐观，跨门营业和乱设摊位比较严重。安业路北段作为原闸北区的设摊聚集点，销售商品主要是蔬菜和海鲜，很多摊位做的是批发生意，价格低廉，交易量大，从天亮到夜里，人员货物川流不息，又常有跨面经营的商铺和流动摊贩，导致整个道路堵塞严重，城市面貌欠佳。其他部分街面也存在乱设摊位和流动摊贩等现象。这些"脏、乱、差"现象，给整个街道的运行和管理都带来很大问题。

居住环境改善是"美丽家园"工作的核心部分。而临汾路街道由于历史原因，居民和住房建筑情况都比较复杂。本街道居民至少涵盖原住民、动回迁居民、20世纪80年代职工住房居民、八九十年代迁入的本市住房困难户、近年迁入的养老居民等多种来源。住房方面，整个辖区范围内有20个居民区，38个自然小区。房屋总建筑面积258

万平方米,其中街面是39万平方米,小区建筑面积219万平方米。老旧公房、直管公房占114万平方米,2000年以前的商品房占35万平方米,2000年以后的商品房大约70万平方米。从数据上看,老公房占了小区总面积近一半,七八十年代修建的房子多为砖木、砖混结构,2000年以前的商品房也和老旧公房差不多。可以看出,整个街道住房普遍老化,硬件基础设施仍有不足。

曾经的临汾路街道,在落实人民城市建设和推进"双美"工作方面,确实存在不少薄弱环节和工作难点。而临汾路街道党工委清楚地认识到这些问题,近年来积极予以落实解决。从2015年到2019年,临汾路街道立足"人民城市人民建,人民城市为人民",着力推进美丽街区和美丽家园建设,使城市面貌得到极大改善。

二 多维并举:"双美"工作的整体规划与实施

临汾路街道开展"双美"工作,需要对全部辖区进行集中规划。对于临汾路街道的辖区情况,可以概括为"四横一纵一中段"。"四横"指四条东西走向主干道,由南至北依次是汶水路、临汾路、汾西路和保德路。汶水路上学校较多,堪称临汾的"科技主干道";临汾路以党建引领,是一条"红色街道";汾西路建成金色的梧桐大道;保德路则一路清幽,供市民秋季观果闻香。"一纵"指阳曲路,整条路行道树均为四季常青的香樟树,构成街区的纵向"绿色生命线"。"一中段"则指安业路中段,为临汾路街道核心区域。此外还有"一河一园",也就是西泗塘河和岭南公园。按照"四横一纵一中段"的整体规划,临汾路街道进行了全面改造,道路全面翻新,完善了植被覆盖和口袋公园建设。临汾路街道整体已经成为一片"春有花,夏有荫，秋有果，冬有绿"的美丽街区。

（一）立足街区"治水"，解决环境根本问题

"双美"工作的重点是本街道社区的"治水"。西泗塘河自北向南穿境而过，治理好街道辖区内的这条主要河流，以此为中心解决"水患"，无疑是改善本地区城市面貌的关键环节。首先要解决积水点和内涝问题。为了应对自然灾害等突发事件，在区建管委协调和街道积极配合下，原有的7个积水点都进行了全面改造。为了治理这7个积水点，临汾路街道下埋了直径2米、总长达4千米的管线。从2015年至今，台风暴雨季节基本上都能做到"雨停路干"，积水问题得到彻底解决。另一方面，为解决雨污水分流问题，街道对辖区居民区所有的雨污水管线进行全面检测和疏通，实现"雨水流雨水，污水流污水"，同时排除了各类安全隐患。

此外，临汾路街道结合居民生活需要，拆除河边违章建筑，沿着西泗塘河设置了健身步道、球场、公共卫生间等配套设施，最终建成了一条沿河1.7千米长、约20米宽的滨河景观绿化带。这条绿化带精致大气，绿荫环绕，现已成为社区居民生活休闲、健身散步等日常活动的重要场所。场中路1011弄居民区党总支书记评价说："此次慢行步道的建设完成，极大满足了本小区及周边居民群众的健身场地需求。"一条曾经环境脏乱、人人避而远之的河道，遂变为当地居民的"后花园"。闻喜路251弄居民陆燕敏高兴地说："以前锻炼只能去岭南公园，路程远，时间长，如果碰上刮风下雨天就更不方便了，因此很多居民放弃了锻炼。如今有了舒适的塑胶跑道，还有打羽毛球、跳舞的健身广场，大家别提多高兴了！"现在，西泗塘河岸边的健身步道，已经成为临汾路街道的一处"网红打卡地"。河岸美景吸引了众

多居民前来休闲、散步、拍照。这条河滨绿色长廊,呈现出一派诗情画意的美丽景象。

(二) 街面"拆、建、并、管",改善街区外部面貌

"双美"工作的另一重大举措是辖区街面的"拆、建、并、管"。在拆违方面,沿街面和河边总共拆除大型违章建筑19处,光西泗塘河沿线就处理了7处违章建筑,总面积达5千多平方米。闻喜路和阳曲路路口原有一个1400多平方米的菜场,因为是违章建筑,也将其拆除了。"并"就是街面拓展,临汾路街道辖区以往道路很窄,老年居民晨练的时候想休息一下都没有地方。为解决这一问题,临汾路街道把小区围墙推倒,将里面的绿地"释放"到街面上,再布置长凳、阅读亭、健身设施等,形成7个"口袋公园"。"口袋花园"内配合景观增设了造型各异的景观灯和墙灯,还有慢跑道等锻炼设施,为居民的健康生活开辟了新空间。

为进一步增强街区的人文气息,用"书香"传递"人文",临汾路街道还在场中路、临汾路、岭南路等路口打造花园式阅读小广场,通过设置"社区阅读亭",倡导"独阅乐不如众阅乐"的图书漂流理念。现如今,这几处地点不仅成为网红打卡地,更吸引了群众积极捐赠书籍,有利于打造全民阅读社区,满足市民日益高涨的文化需求。

在街面管理方面,临汾路街道提出"建管并举,重在管理"。在拆并的同时注重建设,建好以后则重在管理和长效机制建设。比如,对街面上的店宣店招等要素,临汾路街道进行了全面规划设计(见图2)。街道为每个店面设计招牌,配合街区特点调整了灯光设置,针对沿街商铺统一实施"亮灯"工程,还具体指导商户商家,力求让每个店面都能个性化地"讲出故事"。街道负责人说:"每一个小店有自

"双美"工作:打造靓丽的街区风景线

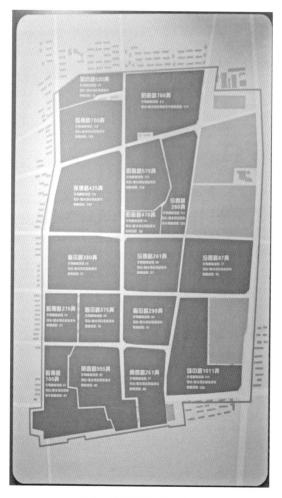

图 2 临汾路街道示意图

己的灵魂,那整个这条街也就有了灵魂。"赋予街道以灵魂,整个街面和市场也就能繁荣起来。店招店牌的综合治理进一步提升了临汾路街道的街面"颜值",净化了街区环境。

临汾路核心街区的吉买盛广场有着数百家业主,之前停车难、早晚扰民的投诉情况时有发生。针对这些情况,临汾路街道充分发挥党建引领作用,围绕"高品质生活"目标,引导多元主体共治,鼓励居民让出一块绿地给商家停车、商家让出一片广场给居民休闲、消费者让出一条通道给居民通行。如今,此处增设了照明灯、休闲长椅、遮阳伞等配套设施,真正成为"家门口"的精品公园。

再如,"街区小企业联合党支部"是临汾路街道近年来精细化治理街区的一个创新举措。"临汾路街道是典型的居住型社区,2.21平方公里面积有700多家小商户,他们是创业者、劳动者,服务着社区居民的生活,也应是街道、居委服务的对象。"街道党工委书记李永波说。临汾路街道在全市率先提出"将支部建在路上",在党建引领下成立了一支服务于街区的队伍,让松散的小商户有了凝聚力。以阳曲路为例,这条路不过短短600多米,沿街有着20多家小店铺,号称北上海的"小黄河路"。但在这光鲜的背后有一条小街,不少店铺将其视作后厨,堆放垃圾杂物、露天洗碗洗菜等。小街终日污水横流、臭气熏天,一墙之隔的居民不堪忍受,经常与小店铺发生口角。街道希望能对小街进行整治。第三街区小企业联合党支部书记熊建平一家家走访小店铺,了解店主的想法,邀请小区居委会、居民代表与小商铺面对面"吐苦水",一起商议解决方案。经过多次协商,大家一致同意由街道出资对小街进行平整地面、疏通下水道等美化改造。居民与小店铺签订协议书,由小区与小店铺每月缴付一定数目的管理费,聘请小区物业对这条小街进行常态化保洁管理。小街危机就这样得到了化解。

街区小企业联合党支部将小店铺调动起来,从小店铺的党员、积极分子、志愿者店主中,选出33人担任"路段长"。每人负责自己店铺所在的两三百米街区,通过行业自律、路面自治、区域共治等途径,组织店主们将街面"守"起来。开餐饮店的俞迎春,是岭南路的"路段长",他每天早晚都要在岭南路上走一走:看看街边有没有乱停车、乱摆放，街面是否干净整洁。街面出现情况、商户遇到难题，都可以通过他找到"街区小企业联合党支部"，再联系街道相关部门进行解决。街道相关负责人说："良好的街区环境维护，需要智慧化手段加人工扫街，路段长是街面上的一双'眼睛'，能帮我们及时发现问题，方便我们快速处置。"临汾路街道的大街小巷环境之所以整洁、干净，让人舒心，这背后正是街区小企业联合党支部等治理力量在发挥作用。

这一系列举措，使得临汾路街道的城区面貌发生了很大变化，由原来的"脏、乱、差"，变成现在的"新、亮、温"，让过往者眼前一亮。街面宽广，道路干净整洁，管理有序，绿化覆盖率较高。

（三）小区升级改造，美化日常生活环境

为了做好美丽家园建设，临汾路街道下大力气，投入大量资源，对所有老旧小区进行全面升级改造。首先是解决老百姓居住安全感的问题。相关举措包括：小区进出口安装道闸；安装全方位的探头监控，并把监控接入临汾路街道的社区大网；维修、升级、改造楼栋的门铃和对讲机等。这些措施均提升了小区居民的安全感，对于上海市打造国际平安社区有一定借鉴意义。如阳曲路760弄小区安装了1100米电子围栏，增设64个监控探头和楼宇对讲机，实现入室盗窃"零案发"，大幅提升了小区安全等级。

在拆除小区围墙方面，临汾路街道也进行了有意义的尝试。第一个试点是在阳曲路760弄小区，该小区2015年开始大力推进美丽家园建设，打通小区主次干道、拓宽14条道路、拆除150米围墙，实现"迷你小区"连片管理，把原来的5个小区合并成8.9万平方米的较大的小区，原来只有4.5米宽的道路变成了7米，社区环境明显改善。

与此同时，因地制宜将部分双向通道改造为单行道路，实现人车分流，最大程度地畅通了老年人的安全便利出行。原来仅有150多个车位，通过改造后变成340个车位，一下子就缓解了老百姓停车难的问题。从2015年到2019年，经过改造，原先道路破损、污水横流的老旧小区，面貌得到极大改观，有的居民说，"感觉比商品房小区环境还要好"。

临汾路375弄（临汾小区）提供了一个典范案例。临汾小区建于1988年，系售后公房小区，建筑面积3.7万平方米，有46个楼组、717户居民、近2 200人口，老龄化比例达到44.2%。由于建设年代早、公共空间少、维修资金不足等原因，小区房屋外立面破损、屋顶漏水、下水管道堵塞、机动车停车位稀缺、电瓶车充电点位严重不足、绿化品质不佳等老旧小区通病频发，加上物业费偏低导致的物业服务缺位、社区服务配套设施规划建设不足等，居民群众对于小区实施修缮改造的呼声日渐强烈。

在"美丽家园"建设过程中，针对小区群众意见集中的环境设施短板，街道主要结合拆除违法建筑、平改坡改造、雨污水分流改造、屋面与立面更新、沥青路面铺设、架空线入地、绿化品种调整与补种、楼道管线改造等一揽子修缮改造，使小区面貌从屋面到墙面到地面自上而下、由表及里焕然一新，群众居住环境明显上了几个台阶（见图3）。

以电线处理为例，原来的电缆线东一根，西一根，拉得到处都是，像蜘蛛网一样。街道在小区改造过程中，将架空线——通信线、电缆线、小区监控线等全部落地，将原先难看的电线埋到地下，还居民一片澄澈天空。另一方面，小区积极改造楼组内环境，将楼道内的油烟管道重新布置，油烟管道排风口被移到楼道外，改变了以往楼道内排油烟的状态。楼内有线电视、电话等线缆排入线盒，还安装了小花架，

"双美"工作：打造靓丽的街区风景线

图3　临汾路街道部分居民楼外貌

设置了供老人走楼梯途中休息的折椅等。由此，小区居民楼内外的面貌大为改观。

临汾路375弄小区在进行相关改造后成效显著，"30年的老先进，重新焕发青春"（1993年6月，临汾路375弄曾被上海市精神文明建设活动委员会命名为首批"上海市文明小区"），已经成为上海住宅小区综合治理的一个鲜活样本。今天的临汾路375弄小区，空间开阔、布局合理、环境优美、设施完善、管理有序，小区治理体系运行良好，居民群众获得感、幸福感、安全感不断提升，不少原本已经搬出小区的老人又搬了回来。临汾路375弄小区还成为一个全国性的"网红"打卡点和学习典范，仅2020年一年间，就接待外省市、外区县、兄弟街道等各类参观交流活动近300次，两次登上中央电视台"新闻联播"栏目，《人民日报》《光明日报》《新华每日电讯》《工人日报》《解放日报》《文汇报》《新民晚报》《支部生活》等近百家主流媒体对小区进行过报道。小区被国家住建委评为老旧小区改造的典范示范基地，并作为文明先进单位推荐给中央文明委。2022年年初，住房和城乡建设部办公厅、中央文明办秘书局下发通知，公布"加强物业管理 共建美好家园"典型案例，临汾路375弄小区再次榜上有名。

（四）重视居民需求，强化街道服务本地特色

临汾路街道在推进"双美"工作中，始终以满足人民的物质和精神生活需要为旨归。截至2022年年底，据不完全统计，临汾路街道60周岁以上户籍老人占比高达47%。因此，在进行城市建设时，需要充分考虑老年居民的生理、心理特点与具体需求。比如，不同于年轻群体擅长网络购物，老年群体一般是在线下实体店铺购买每日所需食材，因此菜场成为他们生活中重要的空间场景。位于临汾路街道保德路的国有菜场——宝德菜市场，经过2023年全新升级后，环境明显改善、业态更为丰富。"干净、规整，这菜场环境相比之前有了翻天覆地的变化。"菜场"老顾客"、家住汾西路206弄的刘阿姨，对市场"新面貌"赞不绝口。据刘阿姨描述，改造前的菜市场硬件设施积弊累累，采光及空调设施欠缺，内部整体昏暗闷热，摊位设施和货架样式陈旧，排水系统老化。"晴天还好，一到下雨天，脚踏进去不停地打滑，对于我们老年人来说，就有点不安全了。"而改造后的菜市场增加了灯光和空调等设施，视觉和感官效果大为改善。同时，为解决水产区域异味、堵塞、溢水等问题，菜市场改进了排水设施，实现雨水、污水分流，并在水产摊位柜边增设排水渠，扩大下水口。菜市场入口处主通道配置了信息公示LED大屏，市场里商户的公示信息、成交数据、营业状况等均显示于此。市民走进菜场，只需看一眼大屏，就能快速知晓当日菜价以及每日低价好物，甚至可以清楚地看到每一个摊位的相应菜品成交价格，对不少精打细算的老年居民而言，再也

"双美"工作:打造靓丽的街区风景线

不需要兜一圈询价比价,就能选到最心仪的菜品,省时、省力、省心。菜场环境的改善,大大有助于提升街道老年居民的生活体验,使"双美"工作与居民生活需要之间得到更加紧密的结合。

再如,为适应老年人在居民中占比较高的特点,临汾路街道在街面改造中,布置了大量方便老年人使用的休息椅,有240多个。这些休息椅,有的是大理石的,有的是木制的,有的是仿木硬塑的,在街边转角不时可以看见。这样,老年居民出门遛弯,走一段就有地方坐一坐,可以休息一下。如阳曲路760弄为进一步提升老年人幸福生活指数,在居民区合理选址,增设150米健身步道、打造健身广场、布设休闲长椅等,做到照明设施完备、标识清晰明确、富有人文气息,让老年人随时可休憩、能叙旧、广交友。这些举措均体现了临汾路街道对老年社区居民的充分关怀。临汾路街道始终坚持以人民为中心的发展理念,始终把群众的操心事、揪心事、烦心事作为头等大事来推进"双美"建设(见图4)。

图4 临汾路街道居民区一隅

重视居民生活实际需要的导向,同样体现在美丽楼组与和谐邻里关系建设中。在闻喜路251弄32号楼,前楼组长严师傅是位热心肠。楼里居住着几户高龄老人,每每看到老人出行要将轮椅搬上搬下,严师傅都会主动上前帮助,并将老人们的"出行难"记在了心中。小区推进加装电梯项目后,严师傅第一时间动员楼组居民,克服困难完成加装电梯签约立项。在楼组居民共同努力下,各种需求和细节不断得到满足和完善:楼组门口高高挂起喜庆的大红灯笼,屋顶有家味浓郁的拉花,进门处有暖人心的欢迎回家的地垫,每层楼有绿意盎然的各类绿植花卉,生机勃勃;居民所需的便民角,放有爱心雨伞等小物件;还有供孩子测量身高的可爱长颈鹿身高贴、供大家正衣冠的镜子……丰富多彩的楼道装饰和便民设施,无不体现了街道基层治理中对居民生活需要的关切。

三 临汾经验:人民城市理念引领下的"双美"

提升城市社区治理水平,离不开治理手段、治理模式、治理理念的创新。临汾路街道在静安区委、区政府的大力支持下,深入开展"双美"建设,把优化群众身边、房前屋后的人居环境建设和健全完善基层治理体系作为切入点,使得街道辖区面貌焕然一新,居民群众获得感、幸福感、安全感得到空前加强。这不仅是一系列成功的城市改造和治理实践,也蕴含着新时代中国城市观念和理论的升华。

(一)加强党的领导,建设生态社区

临汾路街道在"双美"建设中,时刻注重通过优良的党建工作引领、影响群众,让城市治理的基层阵地更加牢固。在做好思想引导方面，临汾路街道有着数十年的光荣传统。早在1999年，临汾路街道就被中宣部评选为全国思想政治工作四个先进单位之一。如何在具体实践中加强对总书记城市工作思想的学习贯彻？临汾路街道的基层工作者作出了积极思考与探索。例如，为了更好地落实"绿水青山就是金山银山""把保护城市生态环境摆在更加突出的位置"，临汾路街道把建设生态城市作为社区改造的重要方面，力求把相关工作做得细致扎实。街道在"治水"过程中，对辖区管线进行全面疏通，在此基础上建立了雨水污水分流系统。像居民排放的含磷洗涤废水，一旦流入自然水体，便很难得到净化。而改造后，可以通过明沟将其引向污水管，进行分类处理，就能够更好地利用雨水资源，从而实现了良好的城市环境治理。

（二）以人民为中心，树立正确政绩观

临汾路街道在组织规划"双美"工作过程中，始终把民生问题放在首位。习近平总书记对"人民城市"念兹在兹，临汾路街道始终把安居、宜居放在首位，把最好的资源留给人民。临汾路街道缺乏大型的商业综合体、工业企业、科研院所等机构，招商引资工作也一直存在困难。街道适时调整政绩观念，"踏踏实实解决老百姓的问题"成为街道工作人员心心所念。临汾路街道的工作重点不是招商、科研、工业生产，它作为一片以居民区为主的城市街区，主要是要围绕民生来展开工作，树立正确的政绩观。把老百姓安居乐业做好了，就是为城市、为社会、为国家作出重大贡献。从这个角度，临汾路街道治理成功的关键，正是扎扎实实、认认真真地做好每一件实事，立足自身街道特点做好城市基层治理工作。临汾路街道的"双美"建设成果有目共睹，成为全国城市学习的榜样。街道3年来接待的参观团超过了

4 000批次,被中组部、复旦大学、同济大学等机关和事业单位列为干部培训点。

(三)强化居民参与,做好"三上三下"引导工作

"人民城市人民建"。以党组织为核心,充分调动社会力量,引导居民积极参与美丽家园建设,是临汾路街道在具体工作中积累的一条重要经验。在"双美"工作推进中,尤其需要注重同居民进行宣传沟通。其主要经验是,小区建设的规划和方案需要"三上三下",反复听取居民意见、面向居民讲解、邀请居民监督、吸纳居民力量。在建设过程当中让居民参与进来,一道完善落实计划。居民从中获得了参与感,"人民城市人民建"的理念由此贯彻其间。而随着临汾路街道的发展和环境改善,当地居民的整体素质也有了显著提高,居民之间形成自治团体,主动为街道、小区出谋划策。"人民城市人民建"不应该是一句空的口号,而是应让居民真正地参与塑造他们所期待的城市,居住在他们想要生活的街区之中。

(四)重视细节把握,形成典型示范效应

在城市街区改造实践中,许多人们原本留意不多的细节要素会影响到"美丽家园"建设,需要有针对性地加以解决。街道社区工作琐碎、复杂,切实有效推进"双美"工作,尤其需要把握细节,把方方面面工作做好。城市治理既要着眼于面上的"大刀阔斧",也要注重细微处的"精雕细琢",街区整治更要如同绣花般使用"匀针细线",对城市开发建设中遗留下来的"边角地"、容易被遗漏的"夹心地"做到治理全覆盖。临汾路街道正是扎实于一系列生动实践,用精心、细心和卓越心"绣"出了一个"有温度"的美好城市社区(见图5)。

"双美"工作:打造靓丽的街区风景线

图5 临汾路街道居民区内的"涂鸦"

"双美"建设作为一项事关百姓民生的常态化、基础性工作,是塑造人民高品质城市生活的具体实践,正在不断满足市民群众对美好生活的新期待。临汾路街道2015年以来接近十年的"双美"建设,在城市社区这方画布上挥洒着色彩,诉说着城市的故事,让居住者和过往者都感受到一份独特的街区魅力,展示了上海城市深厚的文化底蕴和上海居民对高品质生活的追求。

撰稿人:杨义成

城市艺术季：用艺术激活"15分钟社区生活圈"

2020年，习近平总书记在浦东开发开放30周年庆祝大会上指出："城市是人集中生活的地方，城市建设必须把让人民宜居安居放在首位，把最好的资源留给人民。"总书记在党的二十大报告中强调："坚持人民城市人民建、人民城市为人民，提高城市规划、建设、治理水平，加快转变超大特大城市发展方式，实施城市更新行动，加强城市基础设施建设，打造宜居、韧性、智慧城市。"

上海在2014年10月举办的首届世界城市日论坛上率先提出了"15分钟社区生活圈"概念，倡导构建"低碳韧性、多元包容、公平协作"的"社区共同体"。临汾路街道以城市艺术季为契机，通过公共艺术植入、场所空间营造、市民活动举办等方式，重构了社区、空间、居民的关系，大大提升了社区的艺术氛围和居民的审美水平，"15分钟社区生活圈"逐渐被打造为更加"整洁、有序、美丽、宜居"的品质家园（见图1）。

一 向美而生：依托城市艺术季打造美好临汾

2021年上海举办第四届城市空间艺术季，主题为"15分钟社区

图 1　临汾社区"15 分钟社区生活圈"建设展示

生活圈——人民城市"。彼时上海发出《"15 分钟社区生活圈"行动·上海倡议》,倡导城市建设者"将社区作为体现人民城市根本属性的基本单元,在'15 分钟社区生活圈'行动中,紧紧依靠人民、不断造福人民、牢牢植根人民,为推动实现'人民城市'建设持续提供城市样板和中国智慧"。

(一)第一届城市艺术季:"此一刻,美好临汾"

2021 年 10 月 22 日至 12 月 22 日,在上海市规划和自然资源局、上海城市公共空间设计促进中心的指导下,由静安区人民政府主办,静安区规划和自然资源局、静安区人民政府临汾路街道办事处承办,经上海大学·PACC 策展团队负责设计策划的临汾项目,呈现了以"此一刻,美好临汾"为主题的公共艺术现场(见图 2)。作为上海城市空间艺术季静安区的样本社区,策展充分考虑到临汾路街道的地理特点、人口结构及区域定位,将"构建静安宜居高品质小区,营造社区在地艺术氛围、激活居民公共艺术参与热情、提升居民尤其是老人生活幸福感与充实感,展示'15分钟社区生活圈'建设成果"等作为项目设计的初衷,积极探索公众参与艺术的可能性与多样性,激活街道场景表达和情感联结的意义,打造"人人共享、人人参与、美美与共"的活力社区。

图 2 "此一刻·美好社区——静安·临汾社区公共艺术"现场海报

"此一刻·美好社区"策展结构分为场所空间营造、公共艺术植入、市民活动举办三部分。一件件贴合小区特色的艺术作品被巧妙安置,与街道景观和谐共存(见图3)。策展人介绍:"临汾社区是一个老牌街区,便民设施相对成熟,但一大挑战是空间相对狭小,因此必须因地制宜。这次见不到以往常见的大型艺术装置,每一个展品的尺寸都经过精心设计。"沿着路线导览图,居民们可进行一次家门口的艺术空间探索,宛如置身缤纷多彩的游乐园。被安置在小区及道路的公共艺术有17组,包括《空间组曲之风的颜色》《空间组曲之我要给城市艺术季：用艺术激活"15分钟社区生活圈"

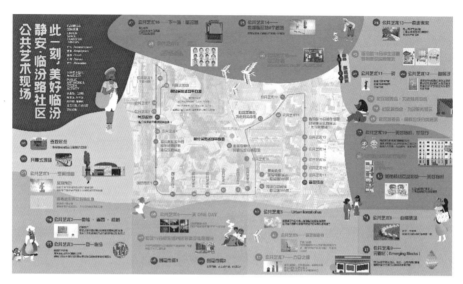

图3 "此一刻·美好社区——静安·临汾社区公共艺术现场"参观地图

世界更好的礼物》《旋转·重叠·机械》《一动一临汾》等新颖时尚的公共艺术装置和《一天》《愿景》等温暖写实的影集，并穿插了手工艺产品、非遗设计的创意市集，从"宜游""宜业"着手对社区进行美化改造；两处公共空间得以更新升级，包括"美丽楼组互动彩绘""最美楼组加装电梯展示"，大大提升了"宜居"程度；同时还开展了一系列美育活动，如"美好临汾地书大赛""社区美术馆之影像创作计划""放松玩艺术——社区儿童美育参与项目"，向孩童们传递了紫草膏、润唇膏、永生花钥匙球、水拓画旗袍、蝶古巴特麻布袋、真皮钥匙圈、花卉胸针等十几种艺术品的制作方式，激发出无限乐趣，激活了社区"宜养"和"宜学"的功能。此外，还邀请专家向临汾居民展开一系列艺术普及讲座。结合"15分钟社区生活圈"实践成果，艺术作品景观中穿插了四处便民服务介绍，分别为"降解垃圾分类展示""为民服务展示""为老服务展示""15分钟生活圈规划实施展示"，围绕"业""居""游""养""学"形成了层次丰富多元的沉浸式、参与式、在地式社区游览活动路线。

(二) 第二届城市艺术季:"临里相伴,向美而生"

为弘扬中华优秀传统文化,引领社区居民践行社会主义核心价值观,临汾路街道以居民的文化需求为导向,以回应社区居民的文化需求作为服务目标,大力推进文化进社区工作,开展各类公共文化活动。2023年9月27日,以"临里相伴,向美而生"为主题的临汾社区第二届城市艺术季暨2023年社区居民艺术节启动(见图4),此次艺术节持续3个月,社区居民在40场缤纷多彩的文化活动中享受视听艺术盛宴。通过欣赏曲艺、古典音乐等高雅艺术,居民们亲自体验各类非遗产品制作,观赏专业剧团带来的演出,同时社区探索有深度、有温度、可持续的公共文化建设之路,为文艺爱好者提供展示自己特长的舞台,为社区居民搭建公共文化共享的平台,激活社区精神文明动力。

图4 临汾社区第二届城市艺术季暨2023年社区居民艺术节启动仪式

二 空间改造：拓展美丽宜居的公共空间

临汾路街道围绕"构建15分钟社区生活圈"主题，践行"人民城市人民建，人民城市为人民"宗旨，以艺术展览为契机，努力强化公共服务设施建设，提升社区公共空间的艺术氛围。

临汾路街道星城花苑小区是城市空间艺术季的样本展示区，它过去是由一个小单位和两个各自独立的住宅区组成，彼此之间都有围墙相隔，街坊互不相通。规划、街道联同专业团队，加上社区居民积极参与，对街坊进行了整体规划设计。先把单位安置到沿路，方便单位办公，然后拆除杂乱的围墙，角落变成了花园。如今，处于新小区中心位置的原单位建筑被改建成了多种服务功能于一体的居委会。经过改造的居委会成为小区中心的标志，深受居民欢迎。为满足社区老年居民日托和助餐的需要，小区内一处三层小楼被改造成综合为老服务中心，并逐渐发展成为全龄服务中心，不仅为老年人服务，也为其他年龄段的居民提供相应的社区服务。

依托城市艺术季主题理念，临汾路街道以"美丽家园"和"美丽街区"两大工程建设为抓手，落实15分钟生活圈规划理念，一路推进"拆、建、管、治"，小区面貌品质、居民文明礼仪、社区治理模式、民生保障水平都发生很大变化，昔日的"老小破旧"逐渐化身为"整洁、有序、安全、宜居"的品质家园。

临汾路街道分为东西两片，中间由西泗塘河穿过，沿河原先有很多的违章建筑以及一些苗圃养护、杂物堆砌、杂草丛生的地方。曾经西泗塘河只是东西两侧居住区的边界，是一个被人遗忘的角落，但在实际地理位置上，它却处于临汾路街道的中心位置。因此，将其打造成一条贯穿社区南北的中心绿化带是临汾社区多年的心愿,借助"15分钟社区生活圈"的建设契机,在多方努力下,2 000多平方米的违章建筑终于被拆除。经过多轮方案比选,积极采纳居民意见,设置健身步道、球场、公共卫生间等配套设施,最终建成了一条沿河1.7公里长、约20米宽的滨河景观绿化带,现在它已经成为社区居民生活休闲、健身散步等日常交流交往的中心地。街道居民张阿姨谈起这条步道脸上掩不住的喜悦:"在家门口修了这条健身步道太方便了,以前吃好饭都不知道去哪里,现在我每天晚上都会出来兜一圈,这边环境也好,散散步既能锻炼身体,心情也好了。"

同样围绕构建"15分钟社区生活圈"的理念,临汾路街道在区规划资源局的支持和指导下逐步完善了社区级文化、体育、教育、医疗、养老等服务设施的建设,规划各类公共服务设施服务覆盖率达到90%以上。截至2023年10月,街道加梯签约超过400台,投入使用的226台加装电梯缓解了至少2 712户家庭的下楼难题。全面推行生活垃圾分类工作,垃圾分类绿色账户开卡累计3万余户,38个居住区生活垃圾分类达标,成功创建上海市生活垃圾分类示范街镇。住在5楼的居民陶先生表示:"本来计划把房子卖掉置换到郊区买电梯房,那边小区环境也好一些,方便以后的退休生活。这两年街道治理得越来越好,老楼也加装了电梯,小区也更有艺术气息,现在根本舍不得搬走了。"

三 艺术植入:营造和谐温馨的社区氛围

让艺术走进社区,走进人们的生活。17组雕塑、插画、摄影、艺术装置等公共艺术作品根据临汾路街道的景观特点被逐一放置,成为临汾社区"15分钟社区生活圈"文化建设的缩影,描绘出"美好临汾"的温馨意境。作品有如下特点:一是以小、精、美见长,高度多在1米—2米之间,与社区的低层建筑群相映成趣,和谐自然;二是色彩缤纷绚烂,五颜六色的作品营造出富有故事感的温馨街区氛围,符合社区高龄人群数量大的特点,带给居民宁静祥和的"美丽家园"归属感。

(一)自然和谐融入

作品均传达出与自然和谐相处的美学理念,与周遭环境浑然一体。

以《空间组曲之风的颜色》为例(见图5)。《风的颜色》是一个以风元素为主题的公共艺术装置,作品由不锈钢支架及彩色亚克力板

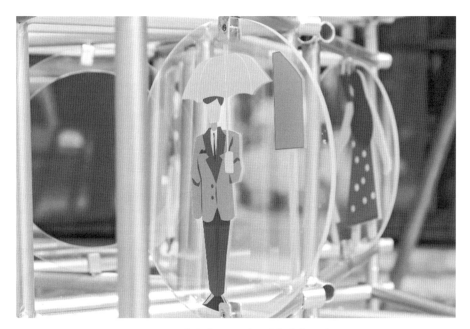

图5 公共艺术作品《风的颜色》局部

组成，以饱和度高、对比度鲜明的色彩表达出风活跃而自由的特性。风是常见的自然现象，也是艺术家设计的灵感来源。作品通过具体色彩将"风"幻化多变的特点具象化、明晰化，化无形为有形，把风如标本般保存在人间。《URBAN FOREST OF US》则是以镜面不锈钢为主要材料的风动式转光装置，通过叶片将风的声音留在耳畔，犹如风的收集器和扩音器，放大了风的日常存在。两组作品使社区的"风"与自然的风巧妙呼应，丰富了居民的感官体验和想象边界，审美方式是日常而自然的。

《自然剧院》是人造陶瓷探索组合后的陶瓷石头与自然之间的对话，表达人、社会与自然之间的和谐关系，延伸人与自然更多和谐相处方式的可能性。作品《方圆之间》也是探索自然之道之作，通过圆与柱排列组合的方式将"天圆地方之说"艺术化和意象化，"方圆之间"彰显人与自然的融合和天地的包容。作品《韵》的材料是花岗岩，形如翩翩起舞的海豚，简洁而富有生命力。这三件艺术品本身是自然理趣的具象化，放置在临汾路街道，与天地万物相呼应，为居民的周遭环境增添了智慧的哲思之美。

（二）趣味互动介入

"我来转，你来看，看到了伐？"安业路上，居民王女士正饶有兴趣地转动着一块圆形彩色玻璃，她的同伴则往对面小孔中一瞧："像我们小时候玩的万花筒呀，很美，很有年代感。"这个名为《一动一临汾》的艺术作品，采用童年经典玩具万花筒的形式创造出临汾千变万化的美丽形象。万花筒以彩色玻璃为材料，以全新临汾 logo 为灵感，通过不同角度任意组合呈现"一动一临汾"的多彩画面。在早晨的微风中、傍晚的夕阳下，万花筒不仅可以让居民们重拾童年纯粹而多姿的美好，也能对临汾之美增添更多认同感、自豪感。此外，瞬息万变的画面带来的快乐体验还能增进邻里之间的情感交流。作品《跳房子》的灵感也是源于童年经典游戏。作者用五彩斑斓、诙谐轻松的涂鸦描绘出临汾特色建筑，在一蹦一跳地玩耍中，临汾历史建筑和现代建筑的形状——呈现，居民们不仅能感受到童年的幸福回忆，还能看到时代的变迁和生活方式的改变。作品《移步未来》则是一条可走可观可游的路，长12米，宽2米。与《跳房子》一样由彩绘地贴组成，不过这条路如打开的贺卡，是一条有不同艺术造型的3D路，走在其中更有沉浸式乐趣，居民可以一边游玩一边走向远方。这三组公共艺术以趣味互动的方式融入临汾街道，不仅带给居民艺术之美的享受，还带来游戏玩耍的畅快，大大提升了街道的宜游功能。

（三）对照本地植入

摄影作品《一天》，插画装置《我和临汾的八个梦境》以及影像装置《根植计划》，城市家具《下一站：临汾路》，摄影+插画《愿景》等，无一不是与临汾路街道的环境、生活、居民、未来等密切相关的在地化创作，其主题或内容均借助临汾路街道本身来表达，使临汾成为欣赏对象本身，临汾的人、事、物也得以艺术化和对象化（见图6）。

摄影作品《一天》真实地展现了临汾路街道不同时段的各处自然和人文景观，有俯拍镜头下的天桥、光影交错之下的居民楼、空旷深邃的地铁站以及定格的云朵、老婆婆和树木等，影集静静地呈现了临汾的自然环境、建筑、道路和普通生活，亲切熟悉、富有烟火气而不失生机活力（见图7）。摄影+插画《愿景》是一组孩子们的影

图 6 公共艺术作品《温柔的牵领》

图 7 公共艺术作品《一天》

集，收集了临汾路 380 弄小区居住的 12 位学龄儿童对于未来的愿景，两位艺术家通过肖像摄影以及 2D 平面插画两种媒介的结合，将孩子们的"愿景"可视化，为"美好临汾"的社区治理愿景更添释义与注脚。《根植计划》与《愿景》相似，创作者采集到居民生活于此的老照片，通过照片讲述过往的经历和时代的变迁。扫描作品下方的二维码，就能聆听到居民们自己讲述的社区美好回忆和感人故事。每一个故事旁边还留下了讲述人的手模，也吸引了讲述人和亲朋好友在此合影留念。"看到自己变成了艺术作品创作中的一份子，感觉很奇妙，也很激动"，讲述人之一的居民陈凤英分享了自己的感受，"艺术一下子变得不再那么有距离感，感觉更看得懂、也更温暖亲切了"。

据临汾路街道党工委书记李永波介绍，"这些活动的目的是构建一种有温度的价值认同，形成有温度的活态公共空间，让艺术走进社区，走进人们的生活。同时，让社区居民由'参观者'转变为'参与者'，既能品味历史风貌意蕴、现代公共艺术的启示，又能感受具有烟火气的日常生活场景，享受到一次特别的'沉浸式'艺术体验"。

创作者将社区居民作为表达主体，以此凸显社区以人为本的治理理念。作品《下一站：临汾路》是以上海老式有轨电车车厢为主体创作的城市艺术作品，地面印有临汾路街道所有社区的名字，并设置对话框引导居民与自己所住社区展开对话。车厢内粘贴有线路图，站点为临汾路各标志，寓意此为临汾路专列，是在地性作品的典范。此四组作品均以临汾社区的人、事、物为创作主体，居民的日常活动、生活环境、过往未来被艺术化地表现在街道和小区中，形成与社区对照的社会缩影和历史留存（见图 8）。

图 8 公共艺术作品《愿景》

(四) 情感记忆引入

临汾路街道近年来实施了"美丽楼组"更新计划,改造了居民生活的"最小公共空间"——楼道,并在居民区加装了电梯。两项改造项目与社区"美丽楼组"工程相结合,从美化电梯和楼栋着手,把社区装扮得多姿多彩。

"美丽楼组互动彩绘"是在两栋楼宇上进行的以"美好临汾"为主题的爱心形状绘画,绘画彼此对称又遥相呼应,预示着邻里之间互帮互助的情感联结,为街区的和谐幸福增添了无尽意味。加装电梯的楼组墙面有一幅大型墙绘作品《美好临汾》。一条丝带连接起老人和孩子的两个家庭,一座桥梁连接起老人社区工作和老人家庭生活的心灵桥梁,作品中展现了临汾社区美好的生活场景(见图9)。

城市艺术季：用艺术激活"15分钟社区生活圈"

图9 大型公共艺术彩绘《美好临汾》

老楼里的新生活，新生活里的老物件，"最美楼组加装电梯展示"《年代置物架》再现了社区居民的年代记忆（见图10）。项目采用了半透明贴纸材料，一个个老物件如磁带、蒲扇、黑白电视、缝纫机、搪瓷茶缸、搪瓷洗脸盆、闹钟、暖水瓶、自行车、解放鞋被描绘其上。电梯间构筑结构犹如一个个置物架，呈现着老物件的过往和新生，老物件与新生活的交流碰撞，唤醒着居民们的年代记忆。作品《年代置物架》便

图10 公共艺术作品《年代置物架》

· 137 ·

是在临汾路 380 弄小区全新加装的电梯间上创作的老物件插画。居民沈阿姨指着上面的图案对小孙女回忆道:"囡囡,这上面画的有缝纫机、蒲扇,还有煤球灯……都是奶奶小时候用的东西了。"

城市空间艺术季临汾项目的学术主持、上海大学上海美术学院副院长金江波教授介绍道:"公共艺术的'公共'所针对的是生活中的人和人赖以生存的大环境,包括自然生态环境和人文社会环境……公共艺术和人、环境的关系甚为紧密……它是用艺术语言和方式参与介入公共问题,以智慧的方式调和并解决环境的功能性问题、社会性问题以及民族宗教信仰方面的冲突。"提高公共艺术在社会生活中的参与是公共艺术的真正价值。这些公共艺术安置于社区,不仅可以激发社区景观的再造潜力,构建居民尤其是老年人娱乐健身的活动空间,为他们带来愉悦的审美体验,还能使其成为增进社区居民情感交流的纽带和街邻争议矛盾的缓冲带。

四 美育滋养:打造大众化的文化生活圈

临汾路街道着眼于社区居民的精神文化需求,致力于打造"群众文艺繁荣,公共文化丰富、文化活动高质"的"15 分钟文化生活圈"。

临汾社区第一届城市空间艺术季的公共艺术现场不仅美化了城市空间,还提高了社区的文化品位和环境质量,为社区居民创造了愉悦的休闲场所,增强了社区的整体吸引力。以艺术季为契机,街道还组织了丰富的文化艺术活动,推出了一系列美育课堂,发挥了文化在社区发展中的关键作用。例如,"美好临汾地书大赛"和"社区美术馆之影像创作计划"等活动鼓励社区居民积极参与文化创作,强调文化的传承和创新。这有助于激发居民创造力、培养审美意识、提高文化素养，为社区的文化发展和文化产业推动提供了有力支持。"放松玩艺术"项目为社区儿童提供了一个独特的机会，通过手工艺品制作来探索非遗传统文化。这一项目的每次课程目标是完成一个手工艺品，如润唇膏、压花蜡烛、葫芦香囊等。通过手工制作，孩童不仅获得了实际的技能，还接触到了非遗传统文化元素，从而增加了对传统文化的兴趣。在润唇膏美育课堂中，柳玉成老师的介绍使孩童对中草药和精油的概念有了更深刻的理解。通过亲身体验中草药的形态和加工过程，孩童增长了对中药成分、配比和疗效的认识。这种亲身参与非遗文化的方式有助于培养他们的文化自信、创意能力和美学修养。手工艺品实践不仅可以让孩子们了解各类非遗传统文化，也有助于激发他们的艺术创想并提升美学修养。

临汾社区第二届城市艺术季持续3个月，共举办40场缤纷多彩的文化活动，展示了社区文化的多维特色和价值。活动以"弘扬中华美育精神"为主线，积极整合美育资源，通过演出、体验、参与和观赏等多种形式开展活动，每月设定一个不同的主题，为社区居民提供丰富的文化体验。这种全面性的活动规划有助于促进社区居民之间的文化交流和共享，弘扬本土文化，同时也推动了社区文化的发展。活动的形式有曲艺赏析、古典音乐、非遗体验、亲子演出等，满足了不同年龄层次和兴趣的社区居民的需求，通过鼓励社区居民积极参与文化创作和艺术欣赏，增强了居民的文化自信和创造力。在活动启动仪式上，静安区文化馆演员的弹拨室内乐、上海音乐学院学生的室内弦乐四重奏（见图11）、大宁国际茶城茶艺师的茶艺表演以及临汾路街道舞蹈队的演出，凸显了专业的文化水准和艺术表现力，不仅为社区居民带来了高品质的文化享受，还加强了社区文化交流，提升了街道的

图 11　上海音乐学院学生演奏室内弦乐四重奏

凝聚力和号召力。

此外,临汾社区艺术市集游乐活动进一步拓宽了文化体验的领域。各种活动如旱地冰壶、迷你高尔夫、投壶,剪纸、团扇画、竹编等工艺体验,以及戏曲联唱、茶艺表演等,为社区居民提供了更多机会,可以亲身参与和感受中国传统文化。这有助于增加居民对文化的深刻理解,加深对传统文化的更深层次的认知。

临汾社区第二届城市艺术季的活动内容和多元性,为社区文化的发展和社区居民的文化参与提供了重要的机会。这一活动不仅为社区居民提供了美好的文化生活,还有助于增强社区文化氛围,促进了本土文化的传承与发展。通过这样的文化活动,社区居民能够更好地体验美好临汾的幸福生活。

未来,临汾路街道还将定期组织开展全社区参与的大型群众文艺活动,让社区居民成为活动的主角,使社区居民能在家门口拥有展现自身文艺特长的舞台。社区文化活动中心作为街道的主要文化阵地,力图打造成为"群众文艺的展示空间""社区居民的活动空间",如开展临汾展览、读书漂流、亲子绘本阅读、大型讲座、瑜伽健身等惠民文体活动,并持续做好科普课堂、"双减"小课堂、临汾健身等深受居民欢迎的线上专栏,以线上线下结合的方式,提升社区文体活动的多样性、普及性、便捷性,致力于打造"群众文艺繁荣,公共文化丰富、文化活动高质"的"15分钟社区文化生活圈"。

与公共艺术作品的相对独立相比,艺术活动具有更强的实践性、参与感。场所空间图案被艺术家绘制完成后,艺术品的制作并未结束,需要居民的参与、感受、反馈才能实现其改造的意义。美育课堂的参与感是强烈的,是即时的互动和沉浸的体验,在动手制作的过程中完成美育的传递和艺术的滋养。与之相比,居民对于公共艺术作品的参与是相对弱化的,它们是相对疏离的、非大众化的艺术创作。高品质的文化活动在进一步完善临汾街道居民文化生活圈的同时,健全了公共文化服务体系,优化了社区公共文化供给,从丰富居民精神生活的层面提升了居民的获得感和幸福感。

公共艺术现场的初衷是努力打造一个"人人共享、人人参与、美美与共"的美好临汾,艺术活动开展使得居民的参与感、互动感大大提升。在特定的空间和时间中,一次次艺术交流得以完成,艺术也更具体、更日常地走入了大众生活中。临汾路街道办事处副主任刘兴军表示:"生活变好了,居民们对社区的要求也与原来的不一样了,希望追求更高的生活品质和更丰富的精神文化活动。因此,我们希望把公共艺术融入整个临汾路街道的社区、街区和小区,从而进一步提升社区的品位和品质。"

五　临汾经验：文艺改造的人民性、在地性、实用性

临汾路街道是城市社区党建的一面旗帜，是基层治理上海模式的一个代表，也是城市普通居民高品质生活的一个样本，在这里，文化工作、文化生活是必不可少的重要组成部分。街道始终着眼于提升居民文化艺术素养，丰富居民文化生活，艺术节活动也是打造群众文艺繁荣、公共文化丰富、文化活动高质的"15分钟社区文化生活圈"的重要抓手，希望社区居民能在活动中获得艺术享受。

（一）围绕"以人民为中心"的创作理念，根据居民的接受水平和审美需求进行艺术改造

在制定改造计划前，上海大学·PACC策展团队学术主持金江波、策展人张承龙、易炜华及艺术家们，以"人民城市人民建，人民城市为人民"为指导思想，详细阅读了《临汾路街道志》等相关资料，了解了临汾路街道居民的年龄结构、文化水平、人口基数等基本情况，通过调查问卷、座谈会等方式了解居民的意见和建议，与主办方、街道办事处、物业等几经沟通，最终确定了策展主题、策展结构及策展方案。艺术家在充分考虑不同年龄、性别、职业、兴趣爱好等基础上进行艺术创作，满足了不同年龄、不同人群的审美需求。例如考虑到小区人口老龄化程度高这一人口结构特征，艺术家在进行场所空间营造、公共艺术创作时选择以怀旧温馨的图案、游戏等作为设计元素，来唤醒过往年代的美好回忆，"最美楼组加装电梯展示""一动一临汾""跳房子"等就是典型案例。不仅如此，策展团队还选择以美育课堂的形式引导孩童参与手工艺品制作，这符合孩童们的性格特点、

兴趣爱好和习得习惯。总的来说，公共艺术活动满足了各个年龄段人群的美育需求。

（二）坚持在地性艺术创作，既考虑"15分钟社区生活圈"的城市更新计划，又考虑社区的结构特性

在地性艺术创作是连接社区与城市的桥梁，将艺术改造与临汾街道的社区治理规划紧密结合，对于城市更新计划和社区治理规划具有重要意义。艺术家们结合临汾路街道的发展历史、社区布局、风土人情进行创作，既可以为城市更新注入活力，又能提升社区凝聚力。经多年旧区改造，临汾路街道拥有了独特而完善的社区设施，为策展团队的在地性艺术创作提供了良好的基础。比如，结合临汾路居民的生活日常，艺术家策划了一系列摄影作品展，如《一天》《根植计划》《愿景》等，增进了居民间的了解、交流，拉近了彼此的情感联结。总之，艺术的在地性创作对于城市更新计划和社区治理规划来说十分重要，能够推动社区的可持续发展和共同体建构。

（三）注重艺术作品的实用性，以居民为活动主体，提高艺术作品与居民之间的交流互动，在动手实践中完成美育目标

这不仅是一种新的美育实践，更能提升居民的自我价值及社区文化认同。策展团队通过实施一系列美育课堂计划，让居民利用闲暇时间学习手工艺品制作，有效地增进了艺术作品与居民之间的交流互动，这些活动有助于提升居民的艺术素养、审美水平和创造能力，实现美育目标。同时，作为艺术创作主体，居民与艺术家们一起参与临汾路街道艺术氛围和文化底蕴的创造工作，大大提升了居民的自我认同和社区文化认同。另外，在活动举办中，策划团队注重将审美性与实用性相结合，如手工艺品制作既提升了参与者的审美水平，又具有实用价值，同时提高了环保意识，可谓多效并收、多"美"共创。

通过临汾"15分钟社区生活圈"，人们看到的不仅是越来越丰富多彩的家门口的生活，更看到一种延续城市人文历史脉络的生活方式。临汾路街道在2.12平方公里的辖区内反复研磨、孜孜以求，不断拓展内涵外延，以"15分钟社区生活圈"为载体生动践行"人民至上"的重要理念。

撰稿人：张　蕾　唐诗诗

临汾社区自治：打造社区治理共同体

习近平总书记在党的十九大报告中指出，要"推动社会治理重心向基层下移，发挥社会组织作用，实现政府治理和社会调节、居民自治良性互动"。2020年，总书记在出席浦东开发开放30周年庆祝大会上的讲话中强调，"要坚持广大人民群众在城市建设和发展中的主体地位"。总书记在党的二十大报告再次强调，"完善网格化管理、精细化服务、信息化支撑的基层治理平台，健全城乡社区治理体系"，"建设人人有责、人人尽责、人人享有的社会治理共同体"。

基层是社会治理的基础和支撑，提升基层社会治理水平，是实现国家治理体系和治理能力现代化的重要环节。基层中的社区，不仅是人民群众居住生活的空间，也是社会治理中最微小和最核心的"单位"。临汾路街道一方面紧紧依托居委会，推动社会治理重心向基层下移；另一方面，注重充分发挥人民群众的主体地位，激活各种社会力量，通过社区的有序运转，由自治而共治，打造社区治理共同体，共建共享共创美好家园。

一 党建引领下的居委会：社区自治的中枢

（一）居委会班组的产生

临汾路街道成立于1988年，辖区面积2.12平方千米，共有20个

人民城市在临汾社区的实践
——老百姓眼中的"全过程人民民主"

居委会，38个自然小区，实有人口7.95万，户籍人口6.13万，属于典型的纯居民生活居住区。街道位于静安区东北部，东起江杨南路，与虹口区毗邻；西至岭南路，与彭浦新村街道交界；南到北郊站北围墙，与大宁路街道相接；北临北长浜，与宝山区接壤。1996年3月，上海市委召开城区工作会议，提出全新城市管理体制：拓展"两级政府，两级管理"，探索"两级政府，三级管理"，重心继续下移，以街道为核心，居民区为基础，专业管理部门同时配套相应的三级管理机构；后构建起"四级网络"，建立起"条块结合、以块为主"的城市管理体制。临汾社区的自治与共治正是以嵌合于居民区中的"居委会"为关键齿轮，在街道、居委会、业委会、物业、相邻街区和居民的共同努力下自成体系地运转起来。

居民委员会作为基层群众自治组织，是连接街道与社区居民的关键节点。场中路1011弄居民区（简称1011弄），曾经被评选为"21个上海市迎世博居委会自治家园示范点"。这是一个建立于20世纪90年代末的混合型小区，管辖范围包括临汾花园、紫藤苑、里昂公寓三个商品房小区和思美公寓一个售后房小区，常住人口约5 200人，有182个楼组、2 152户居民。1011弄诞生于市场经济体制改革深化、"单位制"解体背景下，当一批"单位人"转为"社会人"，国家需要通过城市社区建设再度凝聚居民和整合社会。区别于自上而下的行政导向，自治导向的城市社区建设更加强调权力下移至社区，注重调动社区工作者和社区居民的活力，在党建引领下创新社区治理，回应社区难题。

要发挥好居委会的中枢作用，严选和组建一套有责任心、有行动力的居委会班组是第一要件。2005年，临汾路街道将妇女和民政工作经验丰富的谌静珠调任至该居民区任书记。她面临的第一大挑战是，工作人员明显短缺。"一个居委会,一般有5—7个人。如果是7人,一般一个主任加6个委员;或者是一个主任、一个副主任加5个委员。但日常坐班只有两个人,一个是居委会主任,一个是负责计生的干部……工作人员明显不足。"当时恰逢居委会换届选举,在谌静珠看来,选拔和推选出一个"人民信任、人民满意、为人民服务"的班组就是最为急迫的事情。

谌静珠充分发挥早年在企业做中层管理,特别是45岁提前退休后在街道做计生和民政工作"人头熟"的优势,认为这样一支班组首先要兼具服务性与专业性,而且是一支团结和谐的班子。为此,她仔细遴选和考察每一位候选人,发动居民选出一支"热心为大家服务的骨干班子"。不仅如此,她还通过区域化扩容,将社区民警、业委会主任、物业公司经理3名优秀在职党员吸纳入社区总支班子,强化党建引领、协调各方,为充满活力的基层自治工作的开展提供坚强的班组保障。

(二)社区自治网络架构的建立

在拥有了一个良好的居委会班组后,他们在处理社区实际问题时依旧面临许多难题:老旧楼道的窗户坏了,谁来安装?费用怎么算?医疗卫生站要拆,新地点选到哪?卫生安全问题怎么办?类似这些关乎居民日常生活的事件亟须商议,但问题琐碎复杂,涉及众多居民,不同人有不同的诉求。于是,搭建一套科学、完善的组织架构,并设计一套合理、通畅的自治流程,被提上议事日程。

1011弄在多年的实践中明确了"树立服务理念、创新服务方式、拓宽服务领域、强化服务功能"的工作理念,重点划分了在党建"三三制"(居民区党总支、楼群党支部和楼组党小组三级组织建设）指导下的网格化责任区，并通过"议事堂"这一议事平台，构建了一个由楼组户代表会议、居民代表会议等多项会议制度串联起来的"户代表、居民代表、居民常任代表"议事工作网络，以及由小区综合管理会议、联席会等会议制度串联起来的"党总支、居委会、业委会、物业公司、政府部门和辖区单位"共同构成的社区自治网络架构。这一社区网络架构确保全体居民对公共事务享有知情权、参与权、话语权、监督权和评价权，并在充分"议事"的基础上，形成了"贴近民生、集中民智、汇聚民意"生动活泼的基层民主自治生活。

其中一项重要的制度举措是，1011弄依托党建"三三制"建立起网格化责任区。居委会党总支、党支部、党小组对应网格责任区，网格责任区同时也对应居民代表小组区域。居民区有7个网格，分别对应7个党支部的责任区，每个党支部责任区对应2个居民代表小组。在网格内，组长是党支部书记，副组长是居委会委员，每个党支部书记和每个居委会委员共同负责一个网格区域，形成两委班子成员在网络上的全覆盖。在这样的网格框架基础上，再通过相应的会议制度，形成了一个上情下达、下情上达的诉求通道。据谌静珠介绍，"这一套自治网络在2011年的人大代表选举中发挥了重要作用。1011弄在接到通知后，迅速组建了7个登记小组，经过培训，3天内应登记选民率就达到了95%以上，并对不在本小区参加选民登记的人员完成了户代表的签字确认"。

另一项重要的制度举措是，依托"议事堂"搭建民主管理平台。1011弄居委会从第七届换届选举至今，逐步建立并完善"议事堂"制度。"议事堂"中各类议事会议之间具有互动、互联的密切关系。该制度内含两类议事平台：一是各级代表议事平台，具体包括楼组户代表会议、居民代表会议、居民常任代表会议、网格管理会议、楼组创建小组会议等多项会议制度。二是各类组织议事平台,包括小区综合管理会议、联席会、协调会、听证会、楼组创建推进会、监督评议会等多项会议制度。居委会通过"议事堂"制度,组织居民共同商议、管理和参与小区公共事务(见图1)。

图1 居委会召开"家园议事会"

"议事堂"的显著优势在于,它能够以一套规范的流程推进各类问题的商讨乃至解决,能够在讨论涉及居民切身利益的问题时,为各方提供一个可以"心平气和"的对话平台。比如,议事堂的优势在卫生站重建一事上尽数展现。1011弄医疗卫生站最初由于面积不达标(仅14平方米)被撤销,新站选址又遭到一些居民的强烈反对。"卫生站就建在我们家旁边,有传染病怎么办?我们的卫生安全问题怎么解决?"一些邻近的居民甚至到现场吵闹阻挠施工。对此,居委会一方面通过与业委会、物业和业主充分的沟通与征询,提出"从阳台开门单独进出"的方案;另一方面针对部分持不同意见的居民,专门召开听证会和居民代表大会汇报工作进程并听取意见;同时,为了打消卫生站邻近居民的顾虑,居委会还主动与卫生站、有关居民分别沟通,对居民提出的安全、噪声、卫生等方面的担忧作了人性化的改进安排。最终,卫生站顺利建成,当初坚决反对的居民也经常到楼下就医。

二 扩容:社区居民核心诉求的一体化解决

(一)锁定核心诉求,降低治理成本

1011弄居民区开发于20世纪末,居委会排摸下来发现小区人口构成有三个显著特点:一是中低收入家庭多,八成为中低收入人群。二是外来人口多,约占总人口的1/7。三是老年人多口,2000年初,60岁以上的老人已占总人口的1/5以上,而且每年呈不断增长态势。对于开发时间比较早、公共配套服务明显不足,具有"三多"特征的1011弄居民来说,小区道路狭窄、无地下停车位、无居民休闲健身场地、无老年活动室等一系列现实问题摆在眼前,他们近乎一致的诉求就是公共空间的"扩容"。

同时,由于临汾路街道属于纯居民居住区,社区整体经济功能较弱,行政资金明显不足。谌静珠介绍,其在1011弄任居委会书记时,居委会除了总支书记、居委会主任和计划生育委员能够领到有限的政府津贴外,大多数工作的开展都依靠热心的志愿者。也因此,对于居委会班组来说,大家心照不宣地厉行节约。"大家都知道办实事很多时候都需要钱,但不是什么地方都有钱。我还记得10年前1011弄居

委会的办公经费，最开始的一年只有6 000元，还包括基本的水电费、纸张费用等。我们那时候办公室有台旧空调，大家平时都舍不得用，因为没钱嘛。那么，大家冬天很冷时怎么办呢？我们就每个人买一块电子台板，插上电有点暖的感觉，我们再把报纸铺在上面，这样写字的话就不会感觉那么凉。"与此同时，为了帮助老百姓办更多的实事，针对缺钱的现实，一方面，居委会班组想办法广开"化缘"渠道，"我们有时候找上级相关部门，有时候找业委会，有时候找物业公司，有时候找社区单位或共建单位来资助一点"。另一方面，居委会班组注重挖掘1011弄居民区的内生力量，充分调动居民广泛参与社区自治，尽可能降低社区治理成本。

（二）扩容三部曲

1011弄居委会班组以扩马路、扩绿化带、扩健身场作为"扩容"办实事的一体化抓手，并通过居民自治的方式逐一突破。

第一部曲：扩马路。

临汾花园虽然是1011弄居民区最大的小区，但是由于建设时间较早，许多公共基础设施尚不完善。同时，由于小区是商品房，私家车越来越多，随着常住人口和流入人口的增加，先天短板与后天压力相叠加，小区"停车难"问题凸显。尤其是随着私家车保有量不断增加，出现了部分车辆停放不规范的现象，严重影响到其他车辆的行驶和居民的出行，甚至导致救护车进小区受阻的事件接连发生。针对这一难题，居民区由党总支牵头，多次召开了由居委会、业委会、物业公司等相关单位参与的社区事务联席会议来集思广益。同时多次召开楼组长、居民代表协调会，一起想办法、出主意。大家在多轮讨论中逐步达成共识，先从17条东西向的支马路拓路做起。

扩马路，不仅意味着绿化会有增减，更面临钱由谁出的难题。"很多没车的居民觉得我们是瞎折腾，动用维修基金拓路更加不可能。"在资金不足的情况下，该项目一度搁浅。2007年，居委会班组抓住开发商在小区的基础设施建设方面有一笔欠款迟迟未到账，以及附近新开楼盘需要共用小区水电煤配套设施的机会，与业委会、物业公司一起找到开发商，经过多轮洽谈，获得了一笔补偿经费作为启动资金。对于扩马路工程的具体推进，1011弄居委会班组坚持的基本原则是，"我们可以做居民急难愁的'代言人'，但社区事务，还是要居民自己民主协商。我们要做的是搭好平台、做好引导、过程监督"。从征询表发放、收集开始，到项目立项、工程推进，居委会始终强调公开、透明。对于绿化带缩减多少厘米、从哪里拾遗补阙，每一个细节，都与居民共同探讨，力求合情合理。与此同时，考虑到大家对扩马路的需求程度不一，党总支在与业委会、物业和业主代表开会探讨时，坚守"每一条支马路相邻楼组的居民有2/3以上同意才能开工"的底线。在8年里，1011弄内部挖潜拓宽道路19条，新增停车位近200多个，搭建非机动车停车棚54个，其间不仅没有动用居民的维修基金，还使小区的公共收益实现逐年递增（见图2）。

第二部曲：扩绿化带。

由于1011弄公共空间有限，在各项公共基础设施增加的同时，小区原来的绿化面积也势必受到一定挤压。在临汾花园的"停车难"问题解决过程中，长期存在着"保绿派"和"减绿派"之间的纷争。随着小区居民对绿化要求的提高，居委会决定将改变小区绿化布局作为"扩容"的重要抓手。

1011弄附近有一条沿河长廊，一直从临汾路延伸到闻喜路。河边长廊栅栏建造时间较早，在20世纪90年代时就已经锈迹斑斑了，

图 2 扩容后的停车景象

"人朝上一靠,铁栅栏就往河里面掉渣"。对此,1011弄居委会党总支借助与闸北区河道所共建的契机,(居委会党总支成员参加河道所的"青青志愿者团队",团队曾获得全国的优秀志愿者团队称号),与河道所反复协商,最终由河道所支援20万元,一体化解决了泗塘河沿河护栏的更新和沿河绿化问题,既增加绿化面积,又美化了环境(见图3)。

居委会班组还对居民区近5 000平方米的绿地进行改建,在绿地中铺设休闲小道、增设健身器材、改善社区环境。此外,1011弄在社区的围墙上也尝试动脑筋做文章。比如,通过与隔壁的康悦亚洲花园开展民主协商,探求高效开发、共享空间之策,最后,沿着从临汾路到场中路的老围墙开辟出一条长长的绿化带和休闲小道。

第三部曲:扩健身场。

针对1011弄老龄化程度较高的现实,居委会班组认为更应该因地

人民城市在临汾社区的实践
——老百姓眼中的"全过程人民民主"

图 3 改造后的泗塘河走廊

制宜地挖掘辖区内的老年需求,充分调动社区居民尤其是老年群体自治的积极性,提供更为持久、更为优质的老年服务。居民区内没有老年人活动室和锻炼场地这一情况曾引起过较大意见:"怎么人家小区都有,就咱们没有啊?"围绕居民区既没有室外较空旷的锻炼场地,也没有室内专门的老年人活动场所——这一居民诉求汇聚点,居委会班组尝试多种办法予以回应。比如,居委会班组曾经试过从有限的办公用房中"扣出"一间,专门用作老年活动室,但终因地方实在太小,添不了多少活动器具,也没有多少可以坐下的空间,有时还要因为讲座、开会停止开放,没能继续使用下去。

2009年,党总支通过讨论再次统一思想,决定用民主自治的方式,为居住在这里的老年人办成这一桩实事。经过前期的反复调研,以及与小区业委会、物业公司的多次协商,决定在小区现有范围内挖掘出一块空地。但这块地能否使用,要得到广大业主的同意。于是,居委会党总支通过业主委员会向全体业主代表开展意见征询工作,又召开了居民代表大会、常任代表大会等征询意见。最后,100%的被征询者同意将划定的地方建造为老年活动室,大家都觉得"人终将要老去",应该为老年人多创造一些条件,让他们感受到社区的温暖。后来老年活动室的建设又遇到资金的难题,经过多方努力,特别是在区民政局和临汾路街道的大力支持下,最终建造了一个室内使用面积达120平方米的老年活动室,还安装了空调,添置了影音设备,购置了乒乓台、书橱等文体设施。老年活动室建成后,受到居民的热烈欢迎,成为老年朋友一起活动、学习、交友的场所,在不大的空间内,每天都有五六十名老年朋友到活动室参加活动。

就户外健身空间来说,由于当年开发商设计的缺陷,一直以来小区居民缺少休闲场地,不少社区居民时常为了争一块锻炼场地而闹得面红耳赤。与此同时,小区里开发商搭建的临时停车棚因与居民住宅距离不足一米,一直以来广受周边居民的投诉。针对"拆了车棚,就无法停车;不拆车棚,居民有意见,也无法休闲锻炼"的两难处境,居委会班组需要考虑如何兼顾多方需求。1011弄党总支、居委会、业委会、物业公司通过前期调研,广泛征询业主意见,又多次通过联席会议,与辖区内单位商量解决办法,最后决定整合资源来解决问题(社区内的少体校答应为老百姓让出一块地方建造停车棚,原来的停车棚区域改建成休闲健身场地)。2009年10月,一个近800平方米的宽敞的休闲广场改建完工,真正实现了社区"多赢"(见图4)。

随着室内、室外公共活动空间、休闲健身广场的逐渐落成,社区居民也依托这些公共基础设施自觉推动"熟人社区"的建设。比如,小区广场上时常举办纳凉晚会,居民们都非常愿意参与,谌静珠介绍,"夏天的时候,大家经常搬个小板凳过去,观看居民自发组织的节目

图 4　改造后的居民活动广场

汇演"。随着一件件民意汇聚的社区重大民生问题，在大家的群策群力下逐一得到突破，民心也实现了凝聚，社区自治走向社区共治。

三　社区自治的法宝："贴心人"与"当家人"

（一）当好老百姓的"贴心人"

1011弄社区自治的推动，始终注重回应老百姓的需求，为老百姓解决问题，力求与老百姓建立感情，当好老百姓的"贴心人"。谌静珠颇有感触，在基层要落实很多层面的工作，她经常听老百姓说"书记，我是看你面子的"。其实，这种面子就是一种感情，是一种心系老百姓、服务老百姓、赢得老百姓信任、最终将老百姓团结起来一起做事的过程。居委会班组及社区自治网络架构上分布的志愿者团队，始终注重当好"贴心人",在最简单的三个字——"走、听、说"上将工作做实、做细。

一要"会走":真正会走百家门。

"熟人好办事,熟人给面子"是中国的一种传统文化,熟人之间的感情是走出来的、做出来的,更是在解决困难中积累凝聚起来的。

居委会班组在"走"的过程中,一是不断发现问题,解决核心诉求。比如,1011弄实施的"爱心帮帮团"项目在与独居老人、空巢老人、困难家庭结对走访的过程中,"一份没吃完的红烧肉"让居委会班组注意到了老人特殊的餐饮需求。"很多老年家庭都存在吃饭难问题,不烧没得吃,烧了吃不完,有些老年人比较节约,有时看着吃了一星期都没有吃完的红烧肉,也觉得有些心酸。"在临汾车轮食堂、社区食堂还没有推广之前,居委会党总支便通过与辖区内少体校党支部结对共建,为60岁以上困难老人办理了就餐证,学校部分开放了食堂,解决了部分老年人的就餐问题。二是搭建同质群体的活动平台,把一些有共同爱好、共同语言、共同特长的居民聚在一起;然后在党总支的引领下,推动开展相关社团活动;最后引导这样一个自娱自乐的群众团队成为居民自治的骨干力量。三是引导居民走出"小家",少纠缠于"家长里短";走进"大家",更加关心邻里和整个社区的发展。

汾西路260弄居民区第二党支部书记翁国娟很好地诠释了"会走"。在谈到将居民区原本锈迹斑斑、摇摇欲坠的老旧窗户换成了透亮干净的新式窗户的项目时,她坦言自己对每栋楼的状况都了然于胸,"我闭着眼睛都能背出来,为了这次工程顺利推进,我和居委会工作人员走遍了小区每个楼栋"。

二要"会听":真正会听老百姓心里话。

在1011弄居委会班组看来,很多社区的工作,其实就是做人的工作,也就是沟通的工作。

在沟通的技巧上,有些事需要当事几方坐下来沟通协调;有些事"事缓则圆",需要冷静对待,也即通常说的"冷处理";有些事需要认真倾听,耐心听居民讲完,不要打断居民的陈述,然后和居民一起找出解决办法,为居民"降火"。谌静珠说:"有时来的居民火气很大,我始终认为嗓门再高,不如拿出解决问题的办法,而办法总比困难多。凡事我都习惯仔细听,在听的过程中想深一步,可能他们讲完了,火也发泄大半了,这时你再帮他们耐心分析,一起想办法,是最有效降火的办法。"

三要"会说":真正会说老百姓想听的话。

会说要求除了要学会"换位思考地说""客观公正地说",还得"自己肚子里要有货才能说"。

因此,居委会党总支紧抓社区工作人员的学习生活,要求他们富有学习意识,从党的政策、法律法规、社会心理学等基础功课入手不断学习。按谌静珠的话,"你想想,当居民满怀期待地来找你,想了解一些政策,想解决一些问题,如低保政策、养老政策、就业政策的最新动态怎么样?因病致贫如何减负?这些疑惑对他们个人来说是百分百的大事,而你如果给个'不知道、不清楚或不了解'的答复,会给他们带来多大的失望啊。"因此,第一时间熟悉好、宣传好、解释好、沟通好大政方针、法律法规,是社区工作人员赢得公信力的法宝。

(二)让老百姓做"当家人"

社区自治最根本上还是要让老百姓自主治理,让老百姓做"当家人"。"代民做主不如让居民自己做主",党组织、居委会不是万能的,光靠社区党组织、居委会也是不可行的。社区自治必须通过各种平台、机制,着力引导好社区居民共同商议、共同管理、共同参与社区公共事务,最终形成多方共同解决社区难题的合力。

比如,近些年来,随着老百姓生活水平的提高,对居住环境的要求不断提高,对物业服务的期望值也不断提升。但现实是,随着物价水平的攀升,以及最低工资标准的调高,很多物业管理费多年来却从未调整过,相当一部分物业管理公司已陷入运营困难甚至亏损的状态。1011弄居委会班组面临现实挑战:如果调高物业管理费,会遭到一些业主反对;如果继续维持较低物业管理费不变,物业公司势必要减少人员配备、降低服务标准,老百姓也会不满意。因此,两者之间的矛盾不断加大。在谌静珠看来,"如果物业公司完全撂摊子走人,其实受伤害最大的还是广大老百姓,这是我们居民区党总支、居委会最不愿意看到的。"

比如,场中路1177弄小区是1999年交付的商品房,共有211家住户。10年来,每月0.6元/平方米的物业费一直没有变过。到2009年,作为前期物业的紫嘉物业公司扛不住亏损,决定撤离小区管理。为了保障业主的一些基本服务,2010年3月,业委会启动物业费调价方案,将管理费增加50%,为0.95元;经业主大会表决,57%的业主同意涨价;虽然投票通过了,但反对的业主仍然大有人在,他们不停地交涉,要求罢免现任业委会,物业费收缴率也直线下降,矛盾进入白热化状态,最后那一届业委会委员全体退出。对此,居民区班组加大调研,认真摸排,发现问题的症结在于,那一届业委会的威信整体不高,与业主之间缺少沟通,难以有效开展工作,最后致使事态失控。

因此，居委会党总支将工作的重心放到推动一个让居民更为满意的业委会的改选上。首先，通过楼群党支部的推荐，推选了一位为人热心、办事公允的党员业主担任筹备组组长；接着，通过报名的方式，推荐一些热心小区管理的业主（包括当初自认为是"造反派"的业主加入筹备组）担任换届筹备小组的成员。在长达5个月的沟通工作中，居民区党总支全程参与、全程监督，筹备小组的成员经历了自我教育、自我服务的过程，也充分了解了市场发展的规律和现状，最终在一套详尽的物业管理费调价机制下，广大业主经过充分的民主协商，物业费由0.63元/平方米调整到0.85元/平方米，小区缩减了两名保安，启用了一家新的物业公司，事件终于得以平息。2012年底，在居委会党总支推动下，业委会根据最新测算的最低工资标准又启动了新一轮征询，由于程序规范、收入支出账目透明，这次调价工作很快得到了大家的一致认可，2013年的管理费调整到0.98元/平方米。

四 临汾经验：合力与社区治理共同体

（一）合力一：党建引领、民主协商与全民行动

社区自治是党组织领导下的充满活力的居民自治工作，夯实居委会党总支的组织力和激活社区居民的行动力，是临汾路街道由社区自治走向居民共治的关键。

在组织力建设方面，临汾路街道一是强化区域化党建的统筹力。通过抓好选举、把好人选、强化班子，为引领充满活力的基层自治工作提供坚强的组织保障。二是强化楼群党支部自治网格的协调力。依托"组团式服务、百分百行动"工作机制，健全党支部区域的"自治

网格",由各支部牵头、居委会委员分块,充分发挥区域网格化的优势,定期协调群团志愿者力量,沟通反馈信息,及时解决各类问题。三是强化党建引领下的综合治理力。依托"梯形架构",理顺党总支领导、居委会自治管理、业委会依法运作和物业公司专业服务"四驾马车"之间的相互关系,进一步明确了各方工作职责。

党组织坚持党建引领、组织引领、骨干引领,支持业委会代表广大业主合法履职,坚持按程序办事。同时,督促物业公司职责到位,建立相关的岗位责任制,提升了小区综合治理的水平。与此同时,号召党员、群众配合业委会、物业公司的各项工作,采取"背对背沟通法"(在组织正式会议讨论前,先通过线上线下非正式的方式对问题进行讨论,形成初步共识后,再"面对面"讨论,当好"老娘舅"),注重协调好居民与业委会、物业之间的矛盾;通过各方主体共同参与的社区事务联席会议,设计和解决实事项目,保持和谐稳定的合作状态,充分发挥党组织服务群众、凝聚社会的作用,形成社区共治的合力(见图5)。

图5 社区共治联席会议

在激活居民行动力方面，临汾路街道依托各类代表会议和各级议事平台，由居委会班组作为"召集人"，牵头引导、民主协商、协同各方，把每一项工作落实到最小的楼组单元，落实到每一位社区居民身上，注重养成居民自治的意识和习惯。在此基础上，畅通上情下达、下情上达的双向诉求通道，从而及时掌握社情民意，快速疏导各类问题。

在通过联席会议等制度解决好问题后，居委会班组还会及时向居民反馈问题解决进度，收集新的意见，由此开启新的自治议程。由于社区之间的问题很多时候是共通的，自治成果可以共享，自治经验也可以相互借鉴。1011弄居委会班组，以"党建动态"的形式发布季度公告，汇总每个季度社区的工作进程和工作成果，既给老百姓一个交代，加深友邻之间的信任，也给其他的居民区以示范，让更多社区居民放心地参与到自治工作中来。

（二）合力二：需求先行，培育内生动力与引借外部力量

随着人民生活水平的提高，社区居民在物质需求、精神追求等方面的利益诉求日趋多元化。临汾路街道坚持"问需于民，需求先行"，激活社区内生动力，引借社区外部力量，打造社区治理共同体。

社区工作人员不仅做老百姓的贴心人，聚焦百姓的"身边事"，解决居民的"急难愁"；更是让老百姓做当家人，无论是小区公共配套设施的改善，还是综合管理的提升，都由老百姓自己说了算。

在培育内生动力方面，居委会班组借助"支部引领团队、党员融入团队、团队服务群众"的运作模式，注重挖掘居民区内部自身资源，让群众团队在各种项目活动中发挥更大的正能量，形成了"贴近民生、集中民智、汇聚民意"的社区自治格局。

一是兼顾各个利益群体的需求。1011弄针对不同群体的不同需求采取相应的行动。比如让儿童有玩耍的乐园，让中青年有散步的去处，让老年人有休闲的场地，让"老中青幼"不同群体在小区内各得其所、各得其乐，让所有社区居民在共同参与的过程中尝到甜头、得到实惠。现在社区里的公共设施和休闲场所全部交由志愿者自我管理，群众参与自治的范围广、程度高。

二是注重培育"群众领袖""骨干志愿者"。1011弄社区居民自治的推动，离不开居委会班组成员的率先垂范，他们往往"身兼数职"，在办实事的过程，始终将自己置于核心志愿者服务团队中，发挥带头作用。他们通过党建联络员制度，推选11名党建联络员，将群众团队"拧成一根绳子"。他们在一些重大的选举活动中，注重发动网格区域骨干，支部书记、居委会委员、居民代表、常任代表、妇女代表、楼组长、团队骨干等全方位推进。比如，社区老年活动室就建立了一个自我管理小组，小组近80%的志愿者是党员，主要负责活动室开放时间的值班和清洁工作，合理安排各个群众团队的活动时间并做好服务工作，并在一段时间的自主管理之后，逐渐建立了内部管理制度、例会制度、活动安排制度、设备损坏赔偿制度等制度规范。

三是注重推进自治服务项目的孵化。临汾路街道以项目赋权的方式，让发展稳定并具有特色的团队承接更多的公益服务和自治管理项目。比如，注重帮群众团队"搭好台子"，助其实现从"自我服务"到"公共服务"的转型。2007年，社区居民自己策划组织"爱心家园"项目，通过爱心捐赠、爱心帮困、爱心结对、爱心志愿者等系列爱心活动，关心、帮助边缘人群和遭遇突发事件、突发疾病的困难家庭以及独居老人、纯老户和年老体弱家庭，在小区里营造了互帮、互助、互爱的友善氛围。居民志愿者队伍还积极参与小区综合管理，如自发成立了文明行为督导队,每天在小区内巡视,及时对不文明现象进行劝导;此外,还成立了治安巡逻队、楼组建设推进组、居民调解组织等,共同参与居民间各类纠纷的调解,及时化解矛盾和冲突。各类居民自治组织的成立,在社区内形成了自我管理、自我教育、自我服务的浓厚气氛。

在引借外部力量方面,居委会班组注重"上下左右"整合各种资源,把社区自治工作做到实处。他们坚信社区自治需要充分扬长避短,联动各方资源,切实解决问题,最终才能走向协商共享的"共治"状态。

一是联动党政体系的内外部资源。居委会是居民自我管理、自我教育、自我服务的基层群众性自治组织,社区各项工作的开展是在街道指导之下的,居委会班组与街道一级的联络十分紧密。也因此,当社区自治项目资金出现重大缺口又难以解决时,居委会班组会努力争取来自街道、区级乃至市级层面的支持,它们是社区有序运转的重要支撑。在一些重要的议事平台上,居委会班组也注意邀请民警、工商、税务等相关工作人员共商事宜。除此之外,居委会班组也会借助党建结对共建等方式,与辖区内的事业单位如学校、辖区周边的事业单位如河道所一起沟通协商、资源互助、合作共建。谌静珠特别提到1011弄十多年来一直运转的一项工作制度——新党员报到制度。居委会班组高度关注入住到社区的新党员这些外部新生力量,会第一时间对新党员进行走访,通过发放问卷表了解新党员的兴趣、爱好、特长、弹性时间等,然后鼓励和安排他们力所能及地参与社区志愿者服务,推动新党员主动参与社区事务,尽快融入社区集体。

二是联动专业体系内的外部资源。居委会在志愿者的组织动员工作中,除了注重从社区内部挖掘志愿者资源,还注重与专业性较强的志愿者机构合作。比如，针对社区的老龄化相关问题，居委会与老年协会、社工站合作。目前，1011弄正在实施的创投招投项目包括幸福帆、欢乐之园、健康小屋、红帆船、孤居逢春、快乐接力、慈善车轮等。项目化服务的好处是，既融入社区规范运作，可以不断发现问题，又有相对充裕的经费保障，同时还有专业志愿者团队指导实施。这些志愿者服务项目在社区的运作，为困难群体和特殊人群提供了实实在在的帮助，体现了居民自治和志愿者活动的良性互动，形成了"抓取需求—整合资源—落实服务"的志愿者服务的长效机制。因此，无论是服务者与被服务者，都能感受到项目带来的快乐，居民之间的距离也进一步拉近，社区真正构建为一个治理共同体。

撰稿人：李　梅　程欣月

超大型城市社区治理

社区法治服务中心：
群众身边的律所与法院

2023年是毛泽东同志批示学习推广"枫桥经验"60周年，也是习近平总书记指示珍惜、推广、创新"枫桥经验"20周年。总书记在党的二十大报告中特别指出，"在社会基层坚持和发展新时代'枫桥经验'，完善正确处理新形势下人民内部矛盾机制"。"枫桥经验"是党领导人民创造的一套行之有效的社会治理方案，是新时代基层社会治理必须坚持的"看家法宝"，是推进国家治理体系和治理能力现代化的有机组成部分。

新时代"枫桥经验"要始终保持旺盛生命力，就必须在基层治理实践中不断检验成效、完善理论。为适应人民群众对公共法律服务提出的新要求，临汾路街道结合街道内各社区的实际情况，有机整合各类法律服务资源，成立上海市首家社区法治服务中心——"群众身边的律所与法院"，建立起"全业务、全流程"一站式社区法治服务体系，形成闭环式的矛盾纠纷化解机制，使群众可以"像逛便利店一样"在综合法治服务中心一站式"购齐"所需的各种法律服务。

一 "就地化解，纠纷不上交"：临汾"三无"街道的塑造

临汾路街道位于静安区最北部，共有20个居委会，38个自然小

区，实有人口7.95万，户籍人口6.13万。临汾路街道的特殊性在于，临汾路街道属于纯居民街道，街道的居民结构又以产业工人为主，60周岁以上的户籍老年人比例达到47%，老龄化程度高于全市平均水平。基于这一特性，社区居民的邻里纠纷，如加装电梯、侵占公共通道、群租房、噪声、家庭婚姻继承纠纷等，成为矛盾的主要爆发点。且由于街道的老龄人口较多，这一群体的个人精力、经济实力等相对有限，在对接外在法律资源方面存在较大困难，法律服务需求满足长期存在较大缺口。

2020年，临汾路街道依托新建成的社区法治服务中心，在社区依法治理中走出一条"合二为一"的新路子。"（我们）基本上都是可以进一扇门办所有事。跟我们事务受理中心的概念类似，也比较像我们上海的'一网通办'。群众进门后能够用想象得到的方式，基本上兜一圈就可以。走司法诉讼途径也好，或者走调解途径也好，或者信访途径也好，在这里都可以体现出来。"中心将社区内信访接待、法律诊所、邻纷调解、心灵驿站、安帮之家、社区法庭、一门通释、党群同心等所有的法治资源全部整合到法治服务中心（见图1）；同时建构二级网络，法治服务中心为一级网络，是法治建设和依法治理的"神经中枢"；辖区内20个居民区为二级网络，是法治中心将工作延伸到居民群众中的"神经突触"。中心还全面协调司法所、派出所、律所等基层法治力量，形成"三所联动"工作机制。司法所释法明理、调解能力强，派出所反应迅速、防激化威慑力强，律师事务所知法懂法、办案经验丰富，三所合作从情理法上帮助居民破解矛盾症结。通过上述举措，整体实现了法治工作"整体性转变、全方位赋能、革命性重塑"，破除了原来单打独斗、条线壁垒，形成了以合作治理理念为基础的新型社区治理模式。"一个案子、一个平台、一个队伍、一套管

社区法治服务中心：群众身边的律所与法院

图 1　法律门诊

理",率先探索了"临汾经验"和"静安样本"。

通过这一机制，临汾路街道不仅成功化解多宗社区重大矛盾纠纷，在日常生活中邻里琐碎纠纷的解决层面亦发挥了突出作用，充分实现了"矛盾不上交"，将新时代"枫桥经验"落到实处。比如，2022年11月3日，临汾路派出所接到辖区内一女子报警，称其老公打她，并要带走孩子，现场闹得不可开交。民警到达报警事发地点后见二人依然在为孩子一事发生争执，周围聚集了不少围观群众，民警便将二人及小孩带到派出所作进一步调处。到达派出所后，民警随即询问双方具体情况。由于双方一直处于情绪的爆发点，民警也在二人的激烈对话中大概整理出事情的缘由。经了解，男方40多岁当了爸爸，可谓老来得子，离婚后除了婚内财产最重要的就是儿子；而对于女方来说，她认为男方在生活中存在各种问题无法磨合，孩子出生后男方几乎没有参与照顾,自决定离婚的那一刻起女方就坚决不会将孩子交给孩子的爸爸。双方针锋相对,一度在派出所上演"夺子大战",夫妻二人一个抱着孩子的头一个抱着孩子的脚,孩子无助又害怕得嚎啕大哭。得知此情况后,中心迅速响应,组织人民调解员与律师介入。在调解中,男方一度强调要求孩子的独立抚养权并要求将孩子交由爷爷奶奶抚养。律师则耐心地释法说理,表示孩子的监护人只有孩子的父亲与母亲,且按照相关法律规定,孩子不满两周岁,一般都是由母亲抚养。此外,如果二人在派出所发生的争抢婴幼儿行为若导致孩子受伤,需要承担一定的法律后果。男方情绪再一次失控,调解员见状表示男方可能因为是高龄爸爸,爷爷奶奶盼孙子多年,在判决前孩子可以由父母双方分时间段共同抚养照顾,女方搬离二人的婚房。最终夫妻就孩子的抚养暂时达成一致,并当场签署了临时过渡协议。签署协议后,派出所再一次对夫妻二人进行法治教育,告诫二人严格履行所签署协议的每一项规定,否则将承担相应的法律责任。

2023年5月,临汾路派出所接到报警称有居民被持刀要挟,由于情况紧急,市公安局出动特警赶往现场,特警使用警械控制住肇事人后救出受害者,将二人带至派出所后询问得知该案件系母子二人因儿子的婚恋问题产生纠纷导致。由于矛盾双方是母子关系且儿子系残疾人(聋哑人),出于对家庭关系的维护和对残疾人的关怀,派出所随即联系司法所启动三所联动机制,会同律所共同调处该案件,并邀请专业的手语翻译提供帮助。了解情况后,司法所得知矛盾起因是母亲姚某极力反对儿子沈某与一名离异带着孩子的女子(聋哑人)恋爱同居。此前双方已因婚恋问题多次发生争吵,矛盾积累已久,这次又因琐事争吵,儿子最终情绪失控引发后续冲突。针对这一情形,调解员和律师将母亲姚某领到调解室单独沟通,律师向母亲姚某解释,婚姻自由是宪法赋予公民的一项基本权利,即使作为父母也无权干涉;调解员从情感上劝说,姚某反对的初心是保护王某,但是王某作为独立的个体需要自己面对问题,虽然身体有缺陷但是不影响他的民事权利,父母过度干涉反而会适得其反。另一边律师和民警通过手语翻译向儿子说明行为的严重性,他的暴力行为可能涉嫌违反《中华人民共和国治安管理处罚法》,进一步发展下去可能会触犯《中华人民共和国刑法》,在民警和律师的教育下沈某深刻认识到自己的错误。通过民警、调解员和律师的共同劝导和多次调解,双方平复情绪达成和解,约定今后母亲姚某尊重儿子沈某的个人选择不再干预他的婚姻问题,儿子沈某保证不再使用暴力解决问题,双方在调解员的引导下就后续的具体生活细节签订了调解协议书。在了解沈某工作情况后,司法所及时联系街道残联帮助推荐其就业,为后续生活奠定物质基础,至此这一纠纷得到平息。

2023年6月,街道某社区还发生了一起夫妻因为琐事引发的肢体冲突案件。女方长期无业无固定收入,由于赌博欠债较多,此次回家后拿刀逼迫丈夫给钱偿还赌债,丈夫拿起凳子对抗,双方争执不下,引发纠纷。民警与社区工作人员上门时了解到,夫妻俩长期不和但一直未离婚,男方智力发育迟缓,女方在日常生活中存在虐待男方的行为,夫妻的生活开支全靠男方收入。但是,女方声称自己存在精神疾病。民警上门调查时,女方以各种奇怪的理由拒绝民警了解情况。派出所面对此棘手情况,立即联系司法所共同处理,律师表示根据《中华人民共和国民法典》的规定,一方患有重大疾病的,应当在结婚登记前如实告知另一方;不如实告知的,另一方可以向人民法院请求撤销婚姻。但调查发现,女方并不属于精神病在册人员,两人的婚姻关系有效。调解员只能从调解劝导入手,后男方表示将与女方诉讼离婚,闹剧得到平息。

上述几起案件中,中心充分利用了"三所联动"机制,联合基层法治力量,较好破解了自古以来清官也难断的"家务事"。中心综合运用法律、政策、行政等手段和教育、协商、疏导等办法,发挥矛盾纠纷多元化解平台在维护社会稳定中的重要作用,把矛盾纠纷化解在基层、解决在萌芽状态,消除了"民转刑、刑转命"等重大隐患,建构了促进基层社会和谐稳定的长效机制。"中心将不断完善公共法律服务体系,持续深化与各方的沟通合作,发挥个案普法效能,让社区居民尽享'法治红利'。"临汾路街道以党建引领为核心,通过建立矛盾纠纷预防、发现、分析、服务的多元化多层次化解体系,做到了"小事不出居委,大事不出街道,矛盾就地化解",保持着"三无"街道的荣誉。

二 "疏导调节先行,不轻易成诉":守好司法最后一道门

司法是维护社会公平正义的最后一道防线,但一旦进入司法的门槛,也意味着双方当事人的矛盾已经激化到了不可调和的地步。从司法实践来看,我国存在两类典型的司法活动,一类是大案、要案式的审判,比如引发广泛关注的江歌案等。另一类是"田间地头"的司法实践,诉讼成因多为邻里琐事、家庭纠纷等。此类司法活动与公众的日常生活紧密勾连,并且当事人之间往往具有较为复杂的情谊关系,仅仅发挥定分止争的传统司法功能,难以适应基层社会多元化的治理目标。同时,在我国的法律文化中,情感与道德判断往往优先于法律判断,这种法律传统决定了社会公众尤其是基层公众,受到自身文化视野、传统思想、地域风俗等因素的限制,对现代司法有着一定程度的排斥。如宋代胡颖在《妄诉田业》中写道:"词讼之兴,初非美事,荒

废本业,破坏家财……幸而获胜,所损已多;不幸而输,虽悔何及。"

这鲜明地表明了古代民众的"无讼""厌讼"思想,这种思想延续至今,熟人社会所残留的对"丢面子"的恐惧以及"日后见面留一线"的顾虑,仍然在日常生活中挥之不去。基于以上法律文化传统对公众潜移默化的影响,"不轻易成诉"成为在基层社会治理活动中一项重要的考量因素。具体到社区治理实践中,就要充分运用好新时代"枫桥经验"中"疏导调解先行、不轻易成诉"的柔性治理策略,一方面照顾到社区中居民相互间的人际关系,另一方面减轻基层司法部门的办案压力(见图2)。中心负责人坦言:"打官司是留到最后的一个步骤。我们只是把它作为一种最后的手段来做。我们的目标就是'没有蛀牙',而没有蛀牙要从预防开始。我们是希望通过前置性的工作能够充分地化解矛盾纠纷。走到打官司了,其实已经是到了矛盾纠

图2 邻纷调解中心

纷不可调和的激烈程度。"

实践中，中心对此进行了一系列探索：当居民走进中心大门，首先看到的是信访接待窗口，但该窗口不仅受理信访接待，更是"一站式法律服务"的最前端，相当于一个接待窗口。居民在该窗口反映具体诉求后，会有工作人员进行引导，将居民引导至相应的职能模块（见图3）。比如，居民对城管执法、市场监督所执法等有异议，会首先进入"一门通释"窗口。这是贯彻党的十八届四中全会提出"谁执法谁普法"的必然要求，也能在前端及时化解不必要的纠纷。社区法治服务中心将社区内的派出所、市场监督所、交警大队、城管中队等执法机关纳入公共法律服务体系中，在依法行政的同时，为社区内的居民、单位和企业集中提供释法、普法服务，引导社区居民群众遵法守法。

图3 社区法治中心接待现场

社区法治服务中心还开设了心灵驿站，常设心理咨询师和心理健康服务热线，为居民提供心理咨询、心理疏导服务，并建立健康档案，持续追踪服务和回访情况，力求化解居民心理问题，加强社区居民的心理健康建设，培育理性平和、积极向上的心态。通过心理疏导、人文关怀等方法，柔性化解因心理失衡而产生的重大、疑难、复杂以及各类群体性矛盾纠纷。此外，2016年，街道与静安区人民法院合作，设立了静安区首家诉调对接分中心，使社区的人民调解具备了真正意义上的法律效力。由此形成了社区人民调解、法律顾问专业调解和诉调对接中心司法调解互相衔接、融合的多层次、多元化的社会矛盾化解体系，充分满足社区居民群众和单位不同类型、不同层次的矛盾调解需求。

比如，2019年10月，临汾路街道接到区里下发的信访件，某小区居民夏某因不满其工作单位将其予以开除的处分，甚至扬言"要杀一个回本，杀两个赚一个"。街道信访干部马上与社区民警一起上门做工作，了解到夏某曾因寻衅滋事被公安机关多次处理，其哥哥也因生活困难等问题一直信访。当得悉其哥哥因旧病复发住院开刀，街道信访干部马上赶到长征医院探望，街道主要领导、分管领导也上门关心慰问，使其哥哥十分感动，表示愿意配合一起做其兄弟工作。信访干部、社区民警与居委干部先后6次到夏某家做工作，通过派出所为其联系原工作单位，积极争取协商解决事宜。夏某看到街道信访干部、民警、居委干部为其来回奔波，态度发生了明显转变，表示愿意与原单位协商解决，12月31日就与原单位签了调解协议。社区法治服务中心通过多模块综合发力、联动处置，力求在矛盾尚未激化时有效帮助当事人化解纠纷、抚平情绪，做到了情理法的有机结合，对于消除社会矛盾、促进安定团结起到了积极作用。

同时，当前置程序无法有效化解纠纷，当事人选择司法程序时，中心也做了充分预案。在静安区人民法院的支持和帮助下，社区司法阵地在诉调对接分中心的基础上再次升级，在临汾路街道设立了静安区首个社区法庭，同时也是上海市为数不多的具有实际审判功能的社区法庭，成为基层化解矛盾、平息纠纷最具司法权威的一个平台。将法庭请进社区，一方面，社区作为一个较为"私密"的空间，在便利当事人应诉的同时，使当事人身处一个比较熟悉的环境，从而减少了当事人之间的"冲突性紧张"，有利于纠纷的有效解决。另一方面，社区法庭也可以缓解居民面对司法的紧张感和排斥感。社区法庭充分发挥了法院在推进诉源治理、多元解纷方面的积极作用，让司法服务真正扎根基层，为社区单位和居民提供了更为便利亲民的司法诉讼资源，有效提升了基层社会治理实效。同时，通过"个案普法""以案释法"这一有效的途径，使社区成为传递司法实践和法治精神的重要法律宣教平台。"（社区法庭）这个模块用得是最少的，我们在这里主要是承办社区一些比较典型的案件，而且是具有普法和教育意义的案件。比如有一起居民收集垃圾的案件，对社区居民影响比较大，也在日常生活中比较常见。把这个案件放到我们的社区法庭进行审理和判决，能够起到很好的教育和警示作用。"

三 "苗头遏制、纠纷不激化"：下沉基层开解群众心结

随着经济社会快速发展，基层治理中的社会矛盾呈现出一些新变化、新特征。就社区纠纷层面而言，一方面，矛盾纠纷所涉主体在一定程度上处于"强关系网"中，纠纷的解决不能仅考虑"事"，更要照顾到"人"，考虑当事人双方在纠纷结束后还要长期相处的实际情

况。另一方面，社区纠纷的类型较为琐碎，在矛盾没有爆发前多处于"隐而不现"的状态，但爆发后可能会对邻里关系、家庭关系以及社区、街道的整体秩序带来较为严重的负面影响。应对这种基层矛盾的新特征，要求相关部门和相关人员必须跨前一步，主动观察、主动对接，及时遏制纠纷苗头。基于邻里纠纷的独特性和复杂性，案件解决的价值诉求也呈现出多元化的样态，在事件解决过程中要充分考虑当事人之间的特殊关系，尊重社会价值，考虑到判决的示范效用和社会效果。

为进一步完善社区矛盾纠纷化解机制，适应社会矛盾纠纷特征变化，中心依托临汾路街道的"社区大脑"收集汇总研判系统，贯彻新时代"枫桥经验"源头防控、精细管控、智慧治理的重要理念，对街道内社区各户的居民情况进行定期监测摸排。通过建立社区民情日志数据库，将"12345"居民投诉热线、信访来访、网络留言等各种碎片化信息整合，通过系统分析和可视化呈现，掌握社区实时动态，从中发现可能存在的矛盾纠纷和安全隐患并加以研判，为街道及时精准地进行处置提供了强大的信息支撑。比如，街道一社区曾出现"堆物扰民事件"。事情的根源在于，小区内居民侯某将收集垃圾堆在家里和楼道多年，卫生和消防隐患堪忧，居委会和楼内居民多次劝说无效，居民们发现在全市类似情况不少，感觉自己走入了"死胡同"，好好的房子和楼道成了"垃圾站"。针对此情况，中心成立了专项工作组，安排人民调解员和信访代理员入户走访，实地采集证据，与侯某积极沟通协商；法律顾问和心理咨询师为周边邻居解疑答惑、安抚情绪。其间，中心还委托派出所和城管中队对侯某联合约谈，共同解释相关民法规定和《上海市消防条例》等；北京盈科律师事务所律师和以该楼单女士等为代表的居民共同向侯某提起相邻权纠纷诉讼。立案受理后，庭审放在法治中心"社区法庭"进行公开审理。判决后，法治中心牵头的城管、派出所、法院、人民调解等共同完成了执行，进行了物品清理，恢复了原状。此后，该楼居民区以"个案普法"为抓手，主动消除15个楼道堆放旧疾隐患、142户居民的物品堆放不规范等问题。这一案件的意义已经超出了案件本身，而是具有普遍的指导性意义，中心的提前介入，在解决个案的同时，形成了良好的示范效应，在"润物细无声"中解决了矛盾，体现了中心主动作为、积极有为的工作态度。

再如，我国步入老龄化社会的节点恰逢不确定性增加的时代大背景，临汾路街道的这一情况尤其突出，而老年人普遍缺乏甄别和预防新型犯罪行为的能力，其合法权益不可避免地受到潜在风险的影响，如比较流行的AI换脸诈骗、电信诈骗等。为应对此情况，相关部门应该向前一步做好普法和法治教育工作，尤其是注重老年人、贫困人群、教育程度较低的法律弱势群体法治思维的提升。以老年人法治教育为例，改革开放以来，随着我国人口年龄结构的转变，我国正在步入老龄化社会，并产生了大量涉及老年人的违法和犯罪行为。2022年1—6月，全国检察机关共起诉涉及养老诈骗犯罪767件，涉及1 863人。养老诈骗案件集中体现出犯罪场景网络化、犯罪手段多样化和受害对象涉众化等特征。在这方面，中心法律诊所每天邀请专家律师"坐堂"，开通双休日法律服务热线、临汾微信公众号开辟法律专栏，提供线上线下的法律服务。据统计，临汾社区法治服务中心为居民群众提供法律服务时长1 481.45小时，法律咨询服务1 366次，服务人数达千余人次；法律援助、普法讲座50场次、心理咨询服务116次。

化解社会矛盾纠纷，重在预防。消除矛盾隐患，预防矛盾的发生，是效益最高、效果最好的方式。中心的信访窗口接待来访人员信息均纳入街道 3.0 版社区大脑大数据系统管理，根据大数据的调度和安排，做好信访数据分析、信访矛盾的跟踪和回访工作。此外，社区法治服务中心借助民情走访机制及早发现矛盾隐患，并将其化解在萌芽之中。开展"五线谱"工作制度，由机关干部、居委干部作为"五线谱"联络员，做到居民群众走访联系全覆盖，深入掌握社区实情和群众诉求，成为矛盾纠纷隐患的重要发现机制。中心还充分发挥社区志愿者队伍的作用，在街头坊间进行日常巡视和排摸，使矛盾纠纷隐患和苗头第一时间就能被迅速发现和反馈。

改革开放以来，随着经济社会发展格局的不断变迁，公众的生活方式和工作方式也不断得到改善，同时利益格局的调整和个体竞争的加剧，及时理顺社会与个体的思想情绪与精神状态尤为重要，特别是及时为处于矛盾纠纷漩涡的当事方从内心"活血化瘀"，避免普通群体"病变"为特殊群体，负面情绪积聚爆发影响整个社会通畅运行更为关键。立足中国式现代化是物质文明和精神文明相协调的现代化的实践要求，在维护当事人物质利益的同时保障其精神利益，在解决纠纷的同时纠正认知偏差、解开思想疙瘩、理顺负面情绪，是完善基层多元纠纷化解机制的必然要求。临汾路街道将公共安全党支部设在中心内，成为党员干部服务居民群众的一线窗口，也是党建引领法治建设的阵地。如果说司法是维护社会正义的最后一道防线，那么党建引领则是"最后的最后"，要充分发挥好堡垒作用。社区法治服务中心除了处理一些常规的法律纠纷，还要承担起解民意、聚民心的作用。实践中可以观察到，一些纠纷在严格意义上并不属于法律纠纷，当事人也没有明确的法律诉求，只是情绪郁结、心气不顺，希望找到一个倾诉和讲理的平台。

正如广为人知的电影《秋菊打官司》，丈夫被打后，秋菊只是找村长要一个"说法",而并非真正希望通过法律途径将村长"绳之以法"。"要说法""评评理"这类非正式的需求在基层治理实践中十分常见,尤其是在社区居民、家庭成员之间,日常相处难免产生摩擦和矛盾。如果将这类矛盾都诉诸正式的法律途径,可能会增大司法成本,同时结果也难以令群众满意。正如秋菊在看到警车将村长带走之后,产生了"深深的茫然和失落",同时也受到了同村村民的强烈指责。在实践中,面临这类纠纷,临汾中心党群同心模块充分发挥党员先锋模范作用,耐心倾听、有效疏导,真正给居民一个"要说法"的场所。据中心负责人介绍,他们此前有一位特殊的访客,这位访客是一名老红军。老人始终觉得自己的儿子虐待他,控诉儿子对其态度不好,要向政府要一个说法。但经过工作人员摸排相关情况后发现,老人的儿子平常在赡养老人方面并无不妥之处,仅是因为平常生活习惯不同而产生口角摩擦,导致老人思想上产生了一些偏激、固执的想法,遂多次来讨要说法。考虑到老人的身体情况和情绪,工作人员在耐心倾听老人发牢骚的同时,也以拉家常的方式陪老人聊天以纾解其心结。同时,还将其父子二人聚在一起,通过"教训"儿子等方式宽慰老人。通过上述举措,困扰了老人长时间的心病得以纾解。

四 临汾经验:基层社会治理矛盾化解机制现代化

随着现代化进程的推进和治理模式的不断变迁,"枫桥经验"的内涵也不断得到补充和完善,法治、自治、治理共同体、数字化治理等理念的引入,为"枫桥经验"进一步适应新时代基层治理的实践需求奠定了坚实基础,但同时我们也应该注意到,新时代"枫桥经验"的精神内核与本质要求并未发生变化。其中,党的领导、群众路线、就地化解/不上交矛盾，构成了新时代"枫桥经验"的基本底色，也是"枫桥经验"能够始终保持生命力的关键所在。新时代"枫桥经验"作为基层治理的典范，其法治化、人性化和多元化的矛盾化解方式对于推进新形势下的基层社会治理现代化具有重要意义。对新时代"枫桥经验"的全面理解，应该放置在具体的实践场域中进行考察，临汾路街道社区法治服务中心的基层实践，为新时代"枫桥经验"注入了新的活力。

（一）党建引领，画好党群同心圆

临汾路街道在社区治理和服务上坚持和发展"枫桥经验"，提出在党建引领下，将公共法律服务体系和大数据分析研判机制融入矛盾化解工作体系，并在街道"五个中心"之外建立第六中心——社区法治服务中心，形成新时代独具特色的"枫桥经验"和法治建设阵地，有效地提升了基层治理和矛盾化解能力。党建引领是临汾路街道各项工作的中心，是社会矛盾纠纷化解体系的核心。中心始终坚持把党的领导贯彻到法治建设各方面，贯穿于矛盾纠纷化解全过程和各环节。街道党工委统筹协调各职能部门和专业力量，发挥基层党组织、党员的引领带头作用。中心建立了以党工委书记为负责人的法治推进领导小组，在党的领导下形成一整套社会矛盾纠纷的预防、发现、化解、服务以及分析研判机制，为临汾社区的矛盾化解和法治建设工作提供坚实的政治保障。中心全面深入学习宣传贯彻落实党的二十大精神，持续在加强基层党组织上用力、在提升治理能力上用劲、在为民办事服务上用情，把精细化服务延伸到群众身边，架起一座党群"连心桥"，让居民真正感受到党的亲切关怀和温暖，不断提升归属感、认同感和幸福感。

(二) 多元共治，矛盾不出"家门"

基层是一个由众多治理主体聚合性关联的一体化网络，也是承载改革发展稳定任务、推动党和国家各项政策、落实国家治理基础性工作的责任平台。这需要推动"枫桥经验"由乡村治理向城镇、社区治理延伸。临汾路街道社区法治服务中心创立的"三所联动"机制，充分实现了新时代"枫桥经验"中"就地化解，纠纷不上交"的目标。社会治理创新是一个广泛吸纳各类主体参与并持续激发主体活力的过程，这就需要最大程度地发挥各类主体参与社会治理的效能，其中一个重要前提就是培育合格的社会治理主体。由于我国社会治理中曾长期依赖单一的行政干预手段，这使得公众主体责任意识未得到充分发挥，一定程度上削弱了他们的社会参与积极性。2014年，临汾社区开展了居民区法律顾问工作，率先在全市实现了居民区法律顾问全覆盖。法律顾问在居民区党总支的组织协调下，广泛参与小区的民主自治工作，为社区公共事务开展听证会、协调会、评议会，为社区自治各项工作提供了法律依据和民意基础，并通过法治宣传教育，引导居民理性表达诉求，依法维护权益。通过调动当地基层力量参与社区治理实践，完善了共治共建共享的社会治理机制，实现了政府治理同社会调节、居民良性互动、建设人人有责、人人尽责、人人享有的社会治理共同体。

(三) 跨前一步，矛盾化解在基层

马克思主义关于矛盾问题的基本原理，以及中国共产党人在经济社会发展各阶段的实践探索及科学论断，都揭示着矛盾所具有的天然的风险性。对于我国而言，基层安才会社会安，基层强才会国家强。

"妥善处理人民内部矛盾，防止个别问题群体化、内部问题社会化、局部问题扩大化"，是关乎国家长治久安的大事。基层既是产生利益冲突和社会矛盾的"源头"，也是协调利益关系和疏导社会矛盾的"茬口"，是预防化解矛盾风险的第一道防线。因此，必须把抓基层、打基础作为长远之计和固本之策，牢固树立"大抓基层、大抓基础"的鲜明导向，切实提高基层预防化解矛盾风险的能力和水平。临汾路街道正是通过民情走访机制、社区大脑数据收集汇总研判体系等渠道，定期排查、及时发现矛盾纠纷，通过派单系统发到街道的各职能部门，各部门依照各自的行政职能开展相应工作，得以在矛盾纠纷尚未完全形成的阶段就将其予以消除。

撰稿人：孙冠豪

临汾好办：一枝一叶总关情

2018年，习近平总书记在上海考察时强调："城市治理是国家治理体系和治理能力现代化的重要内容。一流城市要有一流治理，要注重在科学化、精细化、智能化上下功夫。既要善于运用现代科技手段实现智能化，又要通过绣花般的细心、耐心、巧心提高精细化水平，绣出城市的品质品牌。"2022年，总书记在中央全面深化改革委员会第二十五次会议上强调，"要全面贯彻网络强国战略，把数字技术广泛应用于政府管理服务，推动政府数字化、智能化运行"。这映射出数字技术推动治理创新被提到了一个新高度。

上海政务"一网通办"总门户于2018年10月正式上线以来，从"能办事"到"好办事"，不断优化改革，推动城市数字化治理转型升级。临汾路街道遵循"技术为人解决问题而非制造问题"的基本思路，将"一网通办"传统服务与智能创新结合，全力打造数据赋能、居民为本的"一网通办""临汾好办"社区政务服务品牌。同时，创设绩效考核体系，全面提高政务服务水平，全心改善居民办事体验，让群众在城市数字化转型中切实感受到参与感和获得感。

一 提升服务水平，让数据听懂百姓之声

社区是践行为民服务的首要之地，民生服务"小细节"体现着城

市"大冷暖"。城市数字化转型过程中,"为人而转"而不是"为技术而转"已经成为城市建设和发展中的共识。满足市民对美好生活的向往,是经济数字化和治理数字化工作的落脚点。数字技术在教育文化、医药卫生、社会保障、精准扶贫以及环境治理等领域的广泛应用,有助于推进政府公共服务更加均衡化、普惠化和便捷化,更好地满足人民群众对美好生活的向往。

位于临汾路335号面积约1 100平方米、工作人员仅26人的上海市静安区临汾路街道社区事务受理服务中心(以下简称"中心",见图1),年均业务受理量12万件,在全市率先实现综合窗口覆盖率100%,居民平均满意率达99.99%,在全市社区事务受理服务中心标准化建设评估中名列第一,吸引了静安、宝山、虹口三个区的居民前来办事。秉承便捷、透明、亲和的服务宗旨,实施"全市通办""全

图1 临汾路街道社区事务受理服务中心

年无休""一口受理"服务模式，中心开设13个综合受理窗口和1个绿色通道（帮办代办），通过"上海市社区事务受理信息系统"受理公安、人社等11个部门190项个人政务服务统一事项（见图2）。

图2　临汾路街道社区事务受理服务中心接待窗口

在全面推进城市数字化转型的背景下，中心在"一网通办"改革过程中，主动承接市区级条线部门改革事项，勇当"第一个吃螃蟹者"，成为试点先锋。2019年5月中心被列为市首批长三角个人政务服务"一网通办"窗口试点，为长三角"一网通办"的顺利推进打下基础；2020年、2023年中心两次获得"上海市经济状况核对中心核对工作带教示范点"称号；2020年全程参与市"廉租一件事"改革；2021年列为市自助终端居住证签注以及首个"离线随申码"试点街道；2021年10月，中心作为静安区试点单位，率先试行以数字化转型提升群众办事便捷度推进"医疗救助一件事"的全流程改革；2022年8月参与区医保局"静心办"服务平台试点工作。

随着"一网通办"全面深化,全市通办、全程网办、原件预审、原件审核等多种受理方式不断出现,中心采取线上线下"三区融合"、同步办理,推动"只进一扇门",实现自助能办、线下好办、线上可办,极大地方便了居民群众随时随地"想办就办"。

（一）自助能办,创设24小时自助服务区

假期正当时,您或在外观光旅游、探亲访友,或居家休憩,中心大厅内却依旧一派繁忙景象,24小时不打烊、365天对外接待,数字赋能、居民为本的"临汾好办"成为居民交口称赞的"不要太方便"！

2020年初,中心首创上海市大数据中心"一网通办"示范店,创设24小时自助服务区（见图3）,全面推进全市"一网通办"自助服务下沉基层工作,政务服务从8小时转向24小时自助"全天候不打烊"的服务新模式。自助服务区内配置自助证照柜等4台自助服务终

图3 临汾路街道社区事务受理服务中心24小时自助服务区

端设备，直接对接市级层面管理，含就医记录册制册、个人信息查询、证照打印等高频事项在内的102项事务均可通过自助终端办理。中心开发智能门禁认证，单独对外开放，且纳入街道城运中心监控平台，确保运行安全。示范店创建以来，自助区月均受理量近2 000件，占受理总量的30%。24小时不打烊自助服务模式在全市得到复制推广，切实做到了让老百姓随时随地"想办就办"。

街道辖区范围内阳曲路391弄小区同样拥有自助服务终端，由15平方米闲置空间改造而来的24小时不打烊的"数字小屋"，集纳了"一网通办"自助机、公用事业费一体缴费机、共享打印机等便民设施，居民不出小区，就能共享优质政务服务和公共服务资源。

（二）线下好办，优化线下大厅受理区

80后的王晓珺担任中心负责人后第一个月，便碰到了一件令她刻骨铭心的事。一个大热天，有位居民携带了一叠资料兴冲冲地来中心办理业务。但窗口工作人员查阅时发现材料有缺失，无法办理。该居民顿时火冒三丈："我之前打电话来问过了，你们没说要这个材料呀！"原来该居民同时符合两项业务的办理条件，但当时中心受理模式是专人专窗，各项业务之间互不联通，工作人员并不知道居民还要办理其他业务，从而造成居民为了补齐材料只能"往返跑"。当这位居民回去补齐材料再次回到受理中心时，汗流浃背，手上的材料也被汗水打湿了。这一情景对王晓珺触动很大，于是暗下决心："一定要探索出一条让居民少往返奔波之路！"对此，他们将总服务台设置为"第一窗口"，"我们用了'第一窗口'的概念去打造服务台，第一个是人配强，第二个是人配齐。'第一窗口'，实际上是我们最重要的一个窗口"。一走进办事大厅，看到的是和别家受理中心不同的景

象——比窗口还热闹的总服务台被围得水泄不通。小小一方台，却高配四位工作人员，要完成叫号、接听电话咨询、现场咨询预受理、自助区域指导受理等多项工作，每人负责一项并随时替补。"如果用新员工或者说是临近退休的员工，只能去做分流和取号业务，那么大部分老百姓来办业务前打电话，或者是来现场，第一时间对他的需求没有很清晰的了解，给予很准确的指导，就导致后面可能办事情方向偏了，就会在窗口产生矛盾"，所以这里并不是实习生的试练场，只有经验丰富、考评名列前茅的工作人员才有资格站在这里。中心设有13个综合窗口，业务受理范围100%全覆盖。现场还有一位值班长，在整个大厅巡视，与各岗位配合为居民答疑解惑，提前"干预"安抚因政策条件不允许未能成功办理事项而心绪烦躁的市民。同时，中心还依据实时数据，根据受理大厅等候情况，随时调整窗口和工作人员配比，切实让居民群众办事又好又快、最多跑一次。以总服务台为"第一窗口"，履行接待群众、咨询政策、一次分流等职责，将前后台打通，受理窗口履行首问负责、告知承诺，同时探索完成"一码当先、进门即办"等多个"一网通办"数字化政务服务场景应用创新，构建了"准确预审、一口办理、跟踪完善、过程记录"的闭环办事流程，确保各项事项精准办理。

临汾路街道辖区为纯居民区，60周岁以上的户籍老年人比例已达到47%，但先进的智能设备、日新月异的技术，与老年人之间往往存在"数字鸿沟"。为了让辖区内老年人平等享受"数字红利"，中心在总服务台区域设立线上办理导引区（见图4），安排工作人员对网办有兴趣但操作有困难的居民，或是家里上网不便的居民进行一对一"网上冲浪"指导。类似"出生一件事""生育保险一件事""退休一件事"等"一件事"事项，都可以在"一网通办"手机APP或网站平

图 4　总服务台区域线上办理导引区

台受理,免于窗口排队,省时省力又省心。亲手实践成为"一网通办"的最好宣传,使"一网通办"数字化服务既能网上可见,也可网上办理。

(三) 静邻帮办,试点两点一线间的远程帮办区

一台"远程虚拟窗口"双屏一体机,一个平板一个耳麦,并不复杂的设备却串联起老百姓小小的心愿。居民在居委会这头告知业务诉求,工作人员在中心那头操作系统完成受理。这就是临汾路街道根据静安区民政局启动全区个人政务服务"社区就近办"的工作要求,作为全市首批试点单位之一,率先启动的"静邻帮办"服务模式。

中心大厅内专门设立"一网通办""静邻帮办"窗口(见图5),先受理远程叫号业务,后受理线下叫号业务,窗口由工作人员每月轮

图 5 临汾路街道社区事务受理服务中心"静邻帮办"窗口

班综合受理。同时在街道辖区内 20 个居委会首问接待台各配置了一台"远程虚拟窗口"双屏一体机,前来办理业务的居民只需在机器上刷身份证、社保卡或"随申码",即可取号连线中心。服务设备与系统延伸至居委会,与受理中心受理系统的数据传输对接,实现了远程取号、视频咨询及事项受理,在"最后一百米"形成智能化服务闭环,让老百姓享受到更便捷、更精准、更暖心的社区政务服务,居委会成了老百姓家门口的社区政务服务便利站(见图 6)。

对老百姓来说,再小的小事都是大事,能在居委会办成事就是最大的便利。住在临汾路 380 弄的张阿姨,其爱人患了重病,老两口平时经常奔波于医院疲惫不堪,医保本(就医记录册)更是隔三岔五需要更换。张阿姨在居委会了解到这台机器能够免去跑街道受理中心的麻烦,立即拿了老伴的医保本来更换,前后不到 5 分钟就拿到了新的

人民城市在临汾社区的实践
——老百姓眼中的"全过程人民民主"

图6　临汾路街道某居委会首问接待台"远程虚拟窗口"

就医记录册。张阿姨不禁感慨,"现在上了年纪,身体没有以前好了,子女不在身边也照顾不到,就怕有事,一点点小事对我们来说都是大事,有这个机器挺方便的,我们可以专心治病,不用操心老头子换病历本的事情了"。同小区的居民蒋阿姨早上在药店买药时,刷了医保卡但是需要自费,回家经过居委会时,就向工作人员提出:"能不能帮我查查医保账户里的钱?"居委干部随即指导居民视频连线受理中心,当受理中心工作人员告知其医保账户里的钱已用完,现在正处于起付线支付阶段时,蒋阿姨脸上的愁容瞬间消失,立马连声道谢,"为这种小事情专门去一次街道也不乐意,现在好了,在居委会就能查,对老年人来说简直太方便了,真的谢谢你们"。居委会是居民之家,在老百姓的心目中,居委会是时时都在的"贴心管家"。在"静邻帮办"服务新模式试点过程中,中心充分发挥全市首创的综合管理服务系统数字治理优势,依托数据赋能,将延伸服务受理的全过程进行记录,并将过程纳入全员绩效考核评价体系,推动工作人员尽快适应帮办新角色,不断提升员工个人综合受理技能水平和社区政务服务水平。

为使居委会工作人员迅速了解掌握"静邻帮办"政策,中心依据办事指南,提炼编写了集公安、民政、人社、医保等11个条线192个事项的办事小贴士,输送给街道人工智能(AI)对话机器人"临小助"。办事小贴士用语简练、一看就懂,居委会帮办工作人员通过微信输入问题或者关键词,就能马上得到"标准答案",从而迅速、准确地帮助居民办结各类事务,使"临汾好办"智能服务下沉到居民身边。

二 强化队伍建设,让专业服务围绕群众身边

社区政务服务好不好,关键是机制创新,核心是队伍建设。社区事务受理服务中心主任王晓珺理解的"好办","除了系统架构层面的迭代升级,更少不了'人'的专业能力和知识素养的提升","经办人员对于政策解读到位、执行到位,最终让老百姓感受度好(满意),这才是'好办'"。"好办"的落实,技术是手段,最终还是依靠"人"的"内功"来实现,打破业务条线框架,拓展服务意识,提升知识储备,为所有进入中心寻求帮助的居民提供全方位指引服务。

(一)绩效管理,调动工作积极性

2016年初,中心邀请上海市委党校社会学、管理学相关专家,商讨制定绩效考核的方案。通过海量数据分析中心各时段客流量,了解居民业务受理事项类别需求,弹性安排窗口,利用算法向居民推荐最

优政策选择方案。同时从叫号开始到业务受理评价完成整个过程中，了解员工的办事效率、业务受理难易程度等，在全市推广业务受理评价之前先行一步，将服务评价与绩效考核挂钩，积极引导居民对政务服务的有效评价，实事求是"打分"。通过居民真实的办理业务过程中的主观感受，鼓励居民提出改进意见，不断优化政务服务过程。

2016年7月，中心在实现全岗通的基础上，首创并成功上线了"工作数量、工作效率、工作价值量、服务评价、工作质量"五维一体的绩效考核体系，有效地调动了队伍愿干、肯干、会干的积极性、主动性和创造性。中心运用绩效管理理论，通过后台海量数据挖掘，每月自动生成实时的绩效考核清单，按照"总量控制、适度统筹、定量与定性、月度考核与年度奖励相结合"的总体原则，依托数据沉淀，将服务受理的全过程进行记录，并将过程纳入全员绩效考核评价体系，通过定量和定性相结合，将绩效考核清单与绩效工资挂钩，与年度评先评优挂钩，实现了绩效评价量化结果的运用，形成具有公平性、合理性的绩效考核激励机制，倡导"多劳多得、优绩优酬、考评优先"，促进了队伍职业化专业化建设，最终形成绩效导向、合理竞争、创先争优的向上氛围。

绩效考核实施以来，中心实现了员工从"要我办"到"我要办"的转变，探索了"数据应用+科学治理"的全新模式，结合接待能力、审核能力，多维度掌握员工经办能力，科学评价员工的绩效，给予员工客观、公允、科学的综合能力评定，大幅提高了窗口办事效率，造就了一支敢担当、善作为、高素质的服务队伍。

（二）培训管理，实现"一窗办成"提速度

2018年全市实现"一网通办"以来，受理事项从10类58项骤然增加到12类近200项。这一举措极大便利了居民办事，但也对中心工作人员的办事能力带来了严峻考验。为提高员工业务素养，中心采取"三先三后"系统培训策略，建立全面的系统化学习机制，建成全岗通人才队伍，窗口工作人员"人人通全岗，一窗可办成"所有事务。一是"先高频后低频"，充分运用后台数据分析，对年受理量在500件（42项）以上的高频事项作重点培训，低频事项作阶段性培训；对年受理量100件及以下的开展专项培训；对临时性、紧急性集中受理业务当即培训。二是"先大类后小类"，对大口业务和单项业务分类施教，在课件的设置上注重系统性和关联性，累计开办员工"午间课堂——跟我学"系列57讲。三是"先上岗后跟踪"，对新进员工通过以老带新、以考促学、主管考评等方式带教，三个月后试上岗，并跟踪办理业务数据，分析其综合受理办件量、办件类别和办件质量，及时予以改进和提高。

如何确保培训成效落实到业务实际受理？如何避免培训后因个人理解不同造成的信息差？如何统一团队成员思想，发挥各自所长？这些问题依靠的是政策解读、统一业务流程受理的标准规范等制度化约束，考验的是团队领导的个性化管理。在中心主任王晓珺主任眼里，"在我们的行业当中，怎么样去克服员工的疲态，让他们始终能够有热情去工作，实际上比学习业务更难"。在思想觉悟警钟长鸣的前提下，对年长的老员工给予充分的尊重与理解，即使培训中跟不上日益更新的政策变化，他们胜在有处理紧急事件的丰富经验；对于处在职业"倦怠期"的中青年员工，不断鞭策其提高执行力，激发干劲与热情；对于年轻的新员工给予持续的关心与鼓励，充分利用其学得快、有精力的优势，鼓励其担当更多重任，用成就感的获得来找到人生价值和目标。这就是王晓珺凝聚团队成员、主打人性化管理的秘诀。

(三)监督管理,保障双方合法权益

基层政务服务窗口是落实党和政府各项政策的"最后一公里",也是连接群众与党和政府的桥梁纽带。中心在健全各项管理制度的基础上,首创"五个一"全方位监督制,牢牢树立"便捷、亲和、透明"的职业形象,始终擦亮政务"小窗口"、服务社区"大民生"。实行政务公开"一看就懂",在"一网通办"办事指南的基础上,提炼编写"公众版"便民办事小贴士,让办事群众边办边看;实行热线公开"一打就通",耐心细致解答各类问题咨询;实行"12345"工单"一接就办",早一个工作日给急切的居民一个准确答复;实行"好差评""一评就核",表扬的予以奖励,有异议的予以调查核实,及时反馈、有效处置;实行办事全程"一查就清",针对矛盾诉求予以求证,保障工作人员和群众的合法权益。自中心成立以来,无工作人员发生违法违纪、媒体曝光等现象,社区居民满意度不断提升,系统满意度评价平均保持在99.99%。目前,中心办事过程视频可自动保存14个月,视频记录可按办理事项名称快速查找,公共区域视频可自动保存7个月,有效保障了工作人员和办事群众的合法权益。

三 政策下基层,共谋社区服务未来规划

2018年全市"一网通办"后,临汾路街道辖区内多是"人口导入型"(人户分离,户籍在他区,实际居住在临汾路街道辖区)社区,中心每日陡增了30%的业务受理量,窗口压力日益剧增,业务受理类别日渐广泛。

为了提高窗口办事效率,让老百姓事先了解政策,打造"15分钟

政务服务圈",近年来,中心频繁开展政策下基层、进社区活动,进一步加大民生政策的宣传力度,宣传解释与百姓生活息息相关的最新惠民政策,推动民政惠民政策落地实践。通过政策下基层,在与老百姓深入交谈后,负责人王晓珺主任越来越觉得,"把话说清楚,老百姓还是比较好理解的,我们和老百姓之间缺乏的是什么?就是沟通。老百姓在我们大厅场景的沟通和居民区的沟通,还是有点差别,可能在大厅我们是主场的感觉,老百姓会觉得他有点弱势,但是到了居民区老百姓觉得他们是主场,这时候我觉得能够增加亲密度"。"克服物理距离,拉近心理距离","对以后的一些政务办理,或是政策推行,或是政策解释,对后续窗口的工作开展,以及员工思想建设和管理是有帮助的,是个双赢的方式"。

在一次下基层宣传政策活动中,王晓珺主任遇上一位经常来街道办事,可以称得上是大家的老熟人的居民,但是她来现场咨询的问题却事关一个涉及人员很少、平时大家不太关注的政策。这位居民也表示,就是因为是"小问题",每次来办事大厅都忘记询问,回家想起来又不高兴再跑一次,等到下次来中心办事,又忘记咨询。幸亏有这样政策下基层的活动,聊着聊着就想起来这个总被忽视的问题了。王主任意识到,有时候办事工作人员和人民群众的距离,其实就是这"一点点的路程距离"。可就是这不太远的物理路程距离,久而久之也会和人民群众心理距离渐行渐远。社区政务服务水平的提高,首先就是要拉近和居民的关系,提升与社区居民的亲密度,通过频繁有效的沟通,了解居民所想,急居民所之所急。无论是来受理中心大厅办事,还是下基层宣传解读政策,"熟人好办事"的思想已经根植于老百姓心里。居民看到熟悉的脸、认识的人,亲切感和信任感飞速提升。即使办不成事儿,来自"熟人"的解释与安慰总能让人更理解和信服,办事的体验感更舒服。

"我想我们的政务服务能够更好地服务我们整个辖区里面的居民。""政策实际上有很多很宽泛,不一定是老百姓想要的。因为没有具体的体量,做不到真正送政策到社区的具体目的,而有了数据分析,比如哪里来办居住证的人员特别多,那么我们就知道那里可能对居住证办理的相关事务有需求,或是政策的解答,或是事项的办理"。为此,中心目前正在不断完善绩效考核系统,充分利用现有数据,力争通过数据再沉淀和再分离,分析辖区内每个社区的居民人员构成特点、经常受理业务需求类别和办件体量。通过更详细深入的数据分析,在不久的将来,可以根据不同社区的实际情况,搭配该社区老百姓集中的需求和关心的政策,以及该社区居民的空闲时间,推动从"套餐制"转向"点菜式"个性化政务服务分时段下社区,工作人员驻点服务,解读不同社区不同居民迫切需要了解的政策,甚至是事项办理,努力做到居民有需求、社区有服务。

四 临汾经验:数字治理落地社区

近年来,作为数字化改革转型先行者和居民家门口的政务服务窗口,临汾路街道社区事务受理服务中心以城市数字化转型为契机,以标准化建设为核心,以更高效、更便捷、更精准为目标,积极探索生活数字化应用,将"一网通办"传统服务与智能创新结合,全心改善居民办事体验,全面提高政务服务水平,全力打造数据赋能、居民为本的"临汾好办"社区政务服务"一网通办"品牌。在努力提升社区政务水平、对外服务好居民的同时,精细化员工管理也起到了相辅相成的作用,"服务"好内部员工,调动主观能动性,让员工感受到

"好办有我"的价值感。通过"内外兼修",中心构建起更加科学化、精细化、智能化的超大城市"数治"临汾新模式,有力践行了"人民城市人民建,人民城市为人民"理念,形成了一系列临汾经验,在细节处展现了上海卓越奋进、不断追求"一流城市一流治理"的城市品格。

(一)技术引流,提高政务服务水平,推动城市数字治理转型升级

运用数字技术赋能城市政务服务创新,提高城市政务服务的数字化、智能化、精细化水平,是助推城市高质量发展的新时代之需。随着数字化场景的不断拓展,基层成为技术重要的实践场域,也是公众能够直接参与和切身感受的领域。临汾路街道社区事务受理服务中心24小时自助能办、线上线下协办、静邻帮办,在科技赋能下,在推动更高效、更智能的工作理念上持续发力,在舒适惬意的受理环境、高效的办事效率和优质贴心的服务上综合发力,有效推进中心的全方位服务,进一步提升政务服务水平,努力实现为民服务"零距离",以实际行动提高政务服务的供给效能和质量。运用大数据技术,通过数据沉淀与分析,协助窗口受理人员,帮助群众梳理问题,充分挖掘和分析群众的潜在办事需求,主动推送相关政策和信息,提供最优方案。通过解决一件事,推动解决一类问题,以"一网通办"为抓手,推动城市数字化治理转型升级。

(二)立足民心,强化政务服务意识,全力提升群众幸福指数

数字治理不仅仅是技术操作问题,要避免过分推崇工具理性而忽

视人的主体价值的现象。推进数字治理，应以市民为中心，让技术和城市"为人而转"，注重数字化转型给市民带来的实际体验和感受。城市政务服务数字化转型升级也应以群众多样化需求、方便群众办事为目的，持续优化政务服务的供给流程、模式、方式、内容等，优化政务服务场景，改善政务服务体验。作为居民家门口的政务服务窗口，临汾路街道社区事务受理服务中心坚持以人民为中心，牢固树立为人民服务的政务服务思维，通过培训加强员工思想道德意识、不断强化服务意识、巩固专业服务知识；中心负责人带头精读政策，制作便民小贴士，以通俗易懂的方式方便居民理解政策；立足辖区居民特点和个性化需求，不断拓宽丰富"家门口"的服务功能，拓宽便民服务半径，加快建设"15分钟政务服务圈"，方便居民就近办事、自助办事、全时段办事，以政务服务工作的辛勤指数提高群众的幸福指数，持续提升居民的获得感、安全感和满意度。

（三）精细化服务，于细节处彰显为民情怀

在实践中，一方面，数字转型可能沦为"数字炫技""数字折腾"，比如一些城市推行的"最多跑一次"改革，虽然精简了流程，但也可能导致居民和企业要预先准备更多材料，反而不利于居民和企业；另一方面，数字化转型可能无法做到普适，受益的对象仅为少数的数字优势群体。社会弱势群体因数字技能缺失而被边缘化，被数字化转型的"离心机"甩得越来越远。而在临汾路街道社区事务受理服务中心却可以看到另一幅景象：全民享受"数字红利"，弱势群体不掉队。

构建统一的政务服务标准体系和绩效管理体系，推进服务规范、业务流程、评价体系的标准化建设，创新政务服务新升级。建设高配版总服务台，第一道预检关卡认真负责，让居民实现"少跑腿多办成事儿""只跑一次办成事儿"。开设数字体验区，人人都能真切感受到数字化的便捷服务和数字技术带来的时代变革，通过数据分析精准化，找到小切口和突破点，梳理底层数据，为用户精准画像，根据需求建立健全直面用户、快享直达的服务体系，打通政策服务"最后一公里"，探索更加便捷高效的办理流程，推动高效服务，为不同社区居民提供个性化、精准化、专业化服务。

撰稿人：蔡润丹

临汾为老服务：人民的车轮

2019 年，习近平总书记在上海考察时提出，"城市是人民的城市，人民城市为人民"。聚焦到我国特殊的人口国情与老年人口需求，总书记早在 2016 年十八届中共中央政治局第三十二次集体学习时便指出，"我国是世界上人口老龄化程度比较高的国家之一，老年人口数量最多，老龄化速度最快，应对人口老龄化任务最重。满足数量庞大的老年群众多方面需求、妥善解决人口老龄化带来的社会问题，事关国家发展全局，事关百姓福祉，需要我们下大气力来应对"。总书记在党的二十大报告中再次强调，"实施积极应对人口老龄化国家战略，发展养老事业和养老产业，优化孤寡老人服务，推动实现全体老年人享有基本养老服务"。

在重度老龄化的临汾路街道，围绕老年人口对软硬件建设的主要需求，尤其是 80 岁以上高龄、重疾、独居等老人突出的"食"的需求，以及老年人口由"食"延展开来的医疗、出行等核心需求，一枚枚小小的车轮不分昼夜持续十余年地滚动着，送上了保障，送去了温暖，回收了民情，收获了认可，亦构筑起了一个庞大的白发工程坚实的底盘。

一 "调研的车轮"：临汾老龄化基本形势与主要挑战

（一）临汾老龄化基本形势

就全国层面而言，21 世纪初，我国 65 岁及以上老年人口占比便达到7%，正式宣告我国进入老龄化社会。截至2021年末，全国60周岁及以上老年人口26 736万人，占总人口的18.9%；全国65周岁及以上老年人口达20 056万人，占总人口的14.2%，养老形势非常严峻。国家卫生健康委老龄健康司司长王海东在2022年9月召开的新闻发布会上指出，我国老龄化呈现出数量多、速度快、差异大、任务重的形势和特点。预计在"十四五"时期，60岁及以上老年人口总量将突破3亿，占比将超过20%，进入中度老龄化阶段。预计到2035年前后，60岁及以上老年人口将突破4亿，在总人口中的占比将超过30%，进入重度老龄化阶段。

就地方层面而言，上海在全国是较早进入老龄化的城市。2022年上海市老年人口和老龄事业监测统计信息显示，上海60岁及以上户籍老年人口为553.66万人，占户籍总人口的36.8%。80岁及以上高龄老年人口83.15万人，占60岁及以上老年人口的15.0%，占总人口的5.5%。目前的老龄化水平数据充分表明，上海已经步入"深度老龄化社会"。《上海蓝皮书——上海社会发展报告》（2022）也指出，上海市户籍老年人口规模持续增加，且程度更深、速度更快，预计在"十四五"期间，上海市户籍人口老龄化将迎来拐点。根据预测数据，2025年，上海市60岁及以上户籍老年人口规模将突破600万人，老龄化率将突破40%。特别值得注意的是，从2023年开始，上海市户籍老年人口中的高龄老人增速也开始加快，预计到2025年，80岁及以上的高龄老人将比2023年增加6.78万人，增长7.8%，远高于户籍老龄化率3.55%的增长速度。

就街道层面而言，临汾路街道位于上海市静安区东北部，辖区面积2.12平方公里，本来就是一个以"产业工人""老年群体"为主体的高密度纯居住型老旧社区群，街道下辖20个居民区、1 912

个楼组、3.3万户家庭。截至2022年底，据不完全统计，临汾路街道60周岁以上户籍老人已有28 956名，占比高达47%，80岁以上高龄老人4 043名，占比为6.6%，在户籍老人中占比接近14%，远超全国和上海的老龄化程度，已经属于"重度老龄化阶段"。而临汾路街道接近一半的老年人口、近三万人的体量，给街道的为老服务带来全方位挑战。

（二）临汾老龄化主要挑战

国家卫生健康委老龄健康司司长王海东曾介绍，我国老年人大多数都属于居家养老和社区养老，基本形成了"9073"格局，即90%左右的老年人居家养老，7%左右的老年人依托社区支持养老，3%的老年人入住机构养老。我国传统的家庭文化也决定了大部分的老年人口都更加倾向于相对居家养老。当然，这里的"居家养老"已经不完全等同于"家庭养老"或"在家养老"，更多强调老年人的养老生活在"家"这一地点进行，相应的养老资源可能来自社会，也可能来自家庭。城市中的基层社区便承接了绝大多数社区养老的使命，作为纯居住型社区群的临汾路街道亦是如此。

第一重挑战：老龄化比重高、体量大、程度深。

由于临汾路街道是纯居住型社区，老年人绝大部分生活都将在社区度过，养老工作一直被作为临汾路街道一项重点工作内容，各项相关工作布局开展得都比较早。而在所有工作布局中，街道始终坚持"调研先行"。

临汾路街道一方面借助传统的车轮，一遍遍上门走访摸排民情；另一方面，借助大数据流高速旋转的车轮，聚焦辖区老年群体高频急难事项和难点堵点，运用物联网、人工智能等现代数字技术，积极推进信息技术在居家和社区养老服务领域的融合创新应用,加速居家和社区养老服务工作转型升级。

通过调研,临汾路街道老龄化的突出挑战被定位为:老年人口比重高、体量大、程度深。与之相对应,老年人口普惠性的社区养老需求大,高龄、重疾、独居老人养老任务重,社区养老资源紧张,这又突出体现为养老设施不完善和为老服务工作人员不足。

第二重挑战:老年人口生理弱势叠加数字弱势。

尽管我国对于居家养老及相应服务产业的支持与倡导,为老人居家养老提供了条件;但老年人受到传统文化观念的影响,相较于离开私人住宅到养老环境更适宜、养老设备更专业的养老院养老,他们更加习惯也更加愿意留在家中养老。然而,由于老年人先天具有的生理弱势,以及城市生活中老年人与子女普遍分居的现状,居家养老并不是一件易事。

一方面,老年人先天生理机能趋于衰退,日常生活面临重重挑战。在临汾路街道,由于80岁以上高龄老人在户籍老人占比中接近14%,这些老人年岁较高、腿脚不便,居住在较高的楼层,却没有电梯,几乎可以说是被"隔离"在自己的家中,也一定程度上与社会脱节。社区称这些老人为"悬空老人"——一是在物理意义上的"悬空",二是在社会意义上的"悬空"。比如,居于1号楼4层的陈老伯已有90岁高龄,他自身患有痛风病,他的妻子患有大病,经常需要到医院,"悬空"给他们的生活造成了非常大的困扰。悬空老人的"吃饭难""下楼难"问题,就成为街道层面突出的民生问题。

临汾路街道老人养老偏好也符合"9073"格局,大多数老年人更喜欢待在自己家中颐养天年。但随着年龄的不断增长,身体素质随之下降,对大多数独居老人来说,原本温馨熟悉的家可能隐藏许多风险:

尖锐的墙角、湿滑的浴缸、缺乏报警系统的厨房……当老年人曾经习以为常的、构成其日常生活的"医食住行"不再是可以自主完成的事情，逐渐无力的双腿、模糊的视线、越来越差的记忆力，都阻碍着老年人过上更安全、舒适的晚年生活。对于一些腿脚不方便的老人来说，曾经温馨的家甚至变成了将其与社会隔绝的"牢笼"。

不仅如此，随着老年人独居数量的增加，精神生活的空虚单调也成为老年人面临的突出问题。在临汾路街道，随着老龄化的不断加深，不乏因腿脚不便而难以出门社交的独居老人；加之平日里他们子女工作繁忙，老人对数字化设备的使用又不太熟悉，生活内容更加趋向单调，精神生活更加趋于空虚。

另一方面，新兴数字技术已经深度嵌入现代人的日常生活中，老年人在数字化时代来临时，又处于数字弱势。老年人整体上在身体机能方面居于弱势，在对新事物、新技术的理解和接受能力上也处于劣势。因此，面对来势汹汹的数字化浪潮，很多老年人难以招架。对于年轻人来说，日常出行、购物、就餐、就医等基本通过一部智能手机都可以完成。而在临汾社区，对于不少老年人来说，光是学习如何使用智能手机这一过程就将消耗大量的精力，在面对五花八门的各种手机应用时，更是难以辨清使用步骤。就拿叫网约车为例，少有老人能够熟练地定位自己的出发地、目的地，并顺利地叫车、乘车。

二 "建设的车轮"：临汾普惠性养老基建与便捷化数字养老基建

针对临汾老龄化基本形势与主要问题，临汾路街道的养老服务工作主要分两个层面展开，其中一个层面就是加速转动软硬件建设的车轮，全方位地推进普惠性养老基建与便捷化数字养老基建工作，为临汾老年人口提供更加具有普惠性与便捷化的服务。

(一)临汾普惠性养老基建

临汾路街道积极健全"居家为基础、社区为依托、机构为补充、医养相结合"的养老服务格局。街道在养老硬件基础建设上,一是紧抓"为老服务中心"建设工程,二是紧抓"老旧公房加装电梯"工程,三是紧抓"适老性改造"工程,尽可能满足社区老人的普遍化和多样化需求。

在为老服务中心方面,街道目前已建成两家"嵌入式"社区综合为老服务中心(见图1)。社区综合为老服务中心在融合社区助餐点、长者照护、社区卫生服务站、养老顾问等服务于一体的基础上,持续增加了长者健康运动之家、老年认知障碍支持中心、康复辅具租赁点等十多项养老服务功能,实现了健身、养生、娱乐、学习等各项养老

图1 社区"综合为老服务中心"

服务功能集成，一体化集成的服务中心成为辐射整个街道养老服务的重要枢纽。

如果要在临汾路街道评选一个老年人"最爱去的地方"，"区综合为老服务中心"或将居于榜首。2017年初，集长者照护之家、老年人日间照护中心、社区助餐服务点、居家养老服务中心等功能于一身的临汾路街道社区综合为老服务中心（391弄）正式投入运行，为社区老年人提供24小时托养、日间照护、居家护理、助餐、助浴、助发、康复训练等"一站式"服务。为老服务中心是一个面向社区所有居民的开放平台，不仅提供为老服务，还精心打造"宝宝屋"以及适合年轻人的阅览室，营造老少同乐的轻松氛围，提供"全龄友好"的社区服务。中心除了为老人提供安全舒适的日间托养环境外，还开展多元化的主题活动以及康复护理服务。据统计，在养老服务设施的使用上，老年人偏好的聊天室占比最高，达到52.80%；其次是图书馆，达到46.90%；棋牌室也占有一定比例，达到29.30%。上海市业余联赛"弈棋要大牌"就曾在临汾路举办，有不少老年人踊跃报名参赛。可以说，为老服务中心在很大程度上满足了老年人人际交往活动的基本需求。

在"老旧公房加装电梯"方面，已专有章节细述，此处不再赘述。

而在适老化改造方面，临汾路街道积极推动各类智慧养老基础设施入户，特别是优先为高龄独居老人、生活困难老人家中的厨房、卫生间等进行家庭的适老化改造。拿洗澡这件小事来说，社区内不少老人家中原来安装的是老式浴缸，这种浴缸对于年轻人来说或是一种享受，但老年人由于本身气力较弱，在洗浴后极易由于浴缸湿滑而产生意外，而将浴缸改为淋浴相对会更为安全。为此，街道自2021年起全面推进居家环境适老化改造项目，其中就包括"浴改淋"这一内容（见图2）。与此同时，临汾路街道还开展"扶一把"工程，为80周岁以上老人家中安装卫浴扶手等，此外还有防滑拖鞋、防撞条、感应灯、提醒器、洗澡凳、轮椅、助步器、折叠拐杖、开门提醒器、燃气报警器等。目前，已完成改造建设193户，覆盖19个居民区，并专门开辟适老化改造样板间，为老年人口适老化改造提供参考方案。

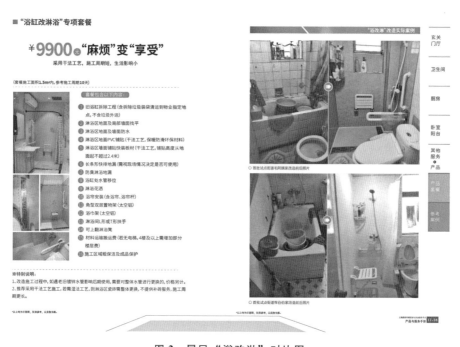

图2　居民"浴改淋"对比图

阳曲路570弄94岁的赵阿婆是小区里第一个安装"智慧养老七件套"的人，包括智能门磁、燃气报警器、为老服务一键通……这一系列数字设备不仅在生活上保障了赵阿婆的生命安全，也在精神上带给赵阿婆一份陪伴。每逢节假日前后，赵阿姨都会默默蹲守在床畔的呼叫机旁，等待那一通温暖来电的呼叫。"这几天身体怎么样，走路慢点，要当心呀！"这是包含在为老服务一键通项目里的问候服务。通过在独居老人家中配置"一键通"座机，独居老人可根据实际需求随时拨打为老服务热线或触发紧急呼叫键，获得及时、便捷的一键通服务，还能获得一键挂号、一键打车、主动关爱、养老顾问等综合性服务。这样的适老化改造是有智慧的养老，也是有温度的养老，它让身处智能化、现代化社会的老年人不再感到陌生而无助，反而借由技术，重新与社会产生连接，带来了一种超越技术本身的安全感。"就像有人24小时陪伴着我"，赵阿婆这样形容这些智慧家居。

除此之外，临汾路街道还积极组织老人主动学习和适应数字科技的新变化，开展多项专门针对老年人的智能化设备使用讲座或课程。比如，景凤路520弄居委会专门为老年人举办"助老跨越数字鸿沟——微信小程序在哪里"讲座，手把手地教老年人如何在外出吃饭时扫桌上的二维码，如何预约接种疫苗等，进一步缩小老年人与数字化社会之间的距离。

（二）便捷化数字养老基建

由于临汾路街道人口结构老龄化程度非常高，街道党工委、办事处紧紧依靠数字化技术，全方位开展信息化基础设施建设，加快便捷化数字养老基建。或者说，街道紧抓数字化时代转型的契机，一直在积极思考养老资源的供给者如何利用技术更便捷地服务老年人口，以老年人口更容易掌握的方式融入其日常生活中，也就是进行一种数字技术的"适老化"运用。

比如，临汾路街道通过开发和升级民情日志数据信息系统，同步接入区级直观记录居民行为的信息系统数据，使125类身份标签、101类服务标签、14类行为标签等多源数据在一个页面并流呈现。其中，特别构建了一个以60岁以上人、房、户信息为基础，以老年人群为分类标签，以"居社互动记录"为扩展的综合信息库，实现了对辖区内

60岁以上老人信息的全覆盖,并进一步整合调研走访数据、业务系统数据等,提升了社区在为老服务和管理方面的精准性、主动性与前瞻性。

在信息化管理服务设施全覆盖的基础上,临汾路街道还进一步构建了与社区实际情况相契合的全方位"1+1+N"的智慧健康养老服务体系。

第一个"1"是指打造一个智慧养老数据底座,把老年人个人基础信息、健康数据、行为数据、享受服务数据等统一归集至一个智慧养老信息平台,构成社区老年人的诉求主动感知、痛点智能分析、风险提前预警、服务精准匹配、效果实时评估的为老服务、评估、监管一体化数字底座,推动社区为老服务精准施策、满足个性化需求。第二个"1"是指织密一个社区为老服务网络,探索完善"政府引导、市场主导、全社会共同参与"的社区为老服务模式,充分发挥街道、街区网格、居委会的资源整合引导作用,打造综合为老服务中心"标准版",引导市场及社会资源共同参与社区为老服务"升级版"建设。"N"则是指共建共享多个助老服务应用场景。街道以智慧养老数字底座为基础,紧密围绕老年人各类需求,以"一卡通行""申程叫车一键出行"为参考,在老年人"医、食、住、行、享"等方面共建共享各类为老服务应用场景,扩大临汾路街道为老服务领域政企分工协同,促进为老服务转型升级。

比如,阳曲路391弄小区的家庭养老院样板间配备了"电视出行"一键叫车功能,解决了老年人叫车不便的问题。家住临汾路街道的李奶奶不太会使用智能手机,原来外出需要打车只能通过传统的"扬招"方式,如果遇到刮风下雨,苦等许久都不一定打得到车。现在,临汾路街道和上海电信合作,在街道独居老人家中的电视机IPTV上升级了"电视出行"功能,老人们只需在家打开电视遥控器按下相应的按键,便可呼叫到出租车,极大方便了出行。"一键叫车"试行后，李奶奶开心地说："装好'一键叫车'，就再也不用在冷风里等车了！"在产品经理的引导下，整个叫车过程不超过一分钟，十分便捷。

除此之外，为方便老年人享受各类基本公共服务，临汾路街道还积极搭建"一卡通"信息服务管理平台，对助餐等服务统一整合制作"一卡通"。社区老年人只要持有这张卡，就可以到辖区内的任意一家为老助餐点就餐，还可以到街道党群服务中心观看电影、购买咖啡等。据不完全统计，临汾路街道已发放社区"一卡通"12 000余张。

三 "送餐的车轮"：临汾为老服务由"口"入"心"

在我国传统文化观念中，"民以食为天"，食对于民来说，是生活之本、天大之事。在临汾社区老年人口的各种需求中，助餐需求无疑排在第一位。临汾路街道的养老服务工作重心的另一个层面，便是锁定老年人口的核心需求。严峻的老龄形势、有限的养老资源，也促使临汾路街道早早地思考，资源在向高龄、重疾、独居老人倾斜的同时，如何更好地提供定制化、人情化的服务。如此，餐饮配送的车轮与民情回收的车轮便持续十余年滚动起来。

（一）餐饮配送的车轮

"如何将热菜热饭直接送到行动不便的老人家门口？如何使老人不用出家门，也可以享受到新鲜美味的菜肴？"正是这些最朴素的想法，促成了2007年临汾路街道社区公益助老服务项目——"车轮食堂"的诞生（见图3）。"车轮滚滚，把热的饭菜送上门，所以就叫'车轮食堂'嘛！"这是时任临汾路街道老年协会会长楼家红介绍临汾路街道为老服务项目"车轮食堂"的由来时，给出的解释。在临汾路

图 3　社区"车轮食堂"

街道，社区居民经常会听到三种声音：门铃声、道谢声以及车轮滚滚向前的声音。"车轮食堂"项目送餐员蒯本琳说，"我亲眼看着它从自行三轮车变成现在的电动三轮车"。

原先，临汾路街道还没有专门针对老年人的社区食堂，楼家红回忆车轮食堂的前身，"一开始一些老年人是没得吃，很可怜。我们就联系附近的学校，问能不能帮着我们做一些饭给老人吃，然后我们拿大车拉过来分给老人"。后来，随着社区食堂和车轮食堂的建立，社区里老人吃饭更容易了，"吃"也成为串联起老人日常生活的重要线索。

车轮食堂中的志愿者，十余年如一日地送餐，无论风雨还是寒暑，无论工作日还是节假日，日复一日地搭建起了老年人与送餐员信任的桥梁（见图4）。

车轮食堂蒯本琳是一位特殊的送餐员，年逾60岁的他，在4岁时因高烧不退导致小儿麻痹症，右腿萎缩，至今无法正常行走。步行同样的距离，蒯师傅可能要花费普通人三到五倍的时间。可他自愿加入

图 4 "车轮食堂"志愿者

"车轮食堂"项目,一干就是十年。为完成老年人"刚需中的刚需"的配送餐饮的任务,蒯本琳忍住病痛,不惧苦累,一如既往地坚守岗位。他怀揣最朴实的挂念:"往常每天都和老人家见面,猛得几天见不到,心里也挂念,我把餐送上,自己也安心!"

蒯本琳不仅腿脚不便,自身也是一位花甲老人。但就是一辆电动三轮车、一张"特殊"的通行证,他全年无休地为临汾路街道"刚需中的刚需"的老人撑起了"保护伞"。送餐量大、路线复杂对于他来说并不是什么难事,用蒯本琳的话来说,临汾路街道20个居委会都熟得很,他可以保证用最短时间让老人们吃上热菜热饭。到了夏日,一趟送下来,贴身穿的衣物全部被汗水打湿,尽管如此,舍不得让老人多等的他,一刻都不敢停下来,"有的时候也会想打退堂鼓,但是想想,不行,老人都还在等着我,不能让他们失望"。就这样,蒯师傅已经全然忘记自己也是一名年过六旬的老人,骑着小车兜兜转转,一送就是近三万份餐饮。

后来蒯本琳转为"车轮食堂"项目后勤保障人员，每天早上9点30分准时到达临汾路391弄社区食堂，协助厨师将盒饭贴好标签，再装到袋子里。虽不再参与送餐，但他依然习惯每日给自己的坐骑清洁消毒，在"车肚子"里备上一次性雨披，如遇刮风下雨、人手欠缺等突发情况，随时准备顶上去送餐。"我从来没有考虑过自己还能为老人们服务多久，就想着能干一天是一天，等到哪天真干不动了，我也就每天订饭吃！"

（二）民情回收的车轮

滚滚车轮，不仅送上了温暖的饭菜，而且及时回收了民情，助人又救命。

送餐员唐树军，如蒯本琳一样，多年来勇挑保障社区老人"吃饭"问题的重担。2022年年初的一天中午，唐树军像往常一样，为家住临汾路135弄，96岁高龄的张其渊老人送饭，然而在第一次敲门时，屋内没有人应答。"平时送饭时间比较固定，老人家也养成习惯，一到那个点儿，就会时刻注意门铃声。张叔叔一般都是在听到单元门铃声后，就会开门等我的，但是那天等到我爬上楼，都没见到张叔叔。"没有收到张叔叔不在家登记信息的唐树军，不敢轻易离开，他心里觉察到不对，反复用力地敲门，直到房间内传来老人虚弱的回应声音。原来，老人已经意外摔倒在地上多时，但是没有力气挪动开门，身边也没有携带手机。唐树军第一时间报警，同时立刻通知"车轮食堂"项目负责人及老人所在居委会，开展紧急救援。

在唐树军负责送餐的老人中，还有一位居住在临汾路99弄的老人因双眼看不清近物，经常不小心踢倒椅子、打翻盒饭，他对此采取"定制化"送餐服务。每次送餐时，唐师傅都会小心翼翼地将餐盒扣挂在老人手腕上，防止老人没拿稳，导致餐盒掉落。

已近花甲之年的唐树军成为"车轮食堂"项目送餐员,一晃也近十年,唐树军虽然不在临汾路街道居住,但对各个居民区的名称、路线了如指掌。居民出于对他的信任,都将单元楼门禁卡交给他保管,以方便他及时刷开单元楼门,进出送餐。1张门禁卡、2张门禁卡、5张门禁卡……唐树军将这些门禁卡与自家钥匙串起来随身携带,车轮滚滚向前送餐的途中又多了一份信任与责任交织在一起叮当作响的伴奏声……

滚滚送餐车轮的基地——社区食堂,不仅是一个食物的生产空间,也承载了民情互动的功能,开始向综合性服务空间转型。比如,在最基本的供餐上,社区食堂在能力范围内开始充分考量社区内其他人群的用餐需求,在确保为老人供餐的前提下,尽可能服务更多的社区人群,社区白领、寒暑假期间的双职工家庭子女等,都是餐饮服务延伸对象。在元宵节或者中秋节等传统节日,临汾路街道社区食堂也会开展一些爱心活动,比如免费送元宵、月饼等。而平日里的社区食堂,在繁忙的三餐之余,也成为一处社区居民情感交流的休闲空间。临汾路街道办事处纪工委书记贺洁介绍:"不少老年人来食堂除了吃饭之外,也喜欢吃好饭后在这个空间下下棋、打打牌、聊聊天,双休日的时候,如果烧不动饭了,也会带着自己的小孙子、小孙女到这个地方来吃饭。这里也成为一个情感交流的重要空间。"

四 临汾经验:人民的车轮

临汾路街道为老服务其实就是围绕老年人口需求启动"调研的车轮",针对老年人口需求运转"软硬件建设的车轮和送餐的车轮"的过程,这个为老服务始终坚持"人民城市为人民"理念,这样的"人民的车轮"也使得临汾为老服务在社区居民那里真正实现了由"口"入"心"。而"人民的车轮"持续和有效运转,有赖于三个机制的有效落地。

(一)以人民为中心,线上线下相结合,快速精准定位老年需求

由于临汾路街道社区老年人口比重高,不同年龄段、不同身体状况、不同家庭背景的老年人有着多样化的养老需求,街道始终加强党对老龄工作的全面领导,坚持以人民为中心,线上调查与线下走访相结合,快速精准定位老年人口的核心需求。

一方面,为了第一时间更广泛地掌握老年人口的多样化需求,临汾路街道在上海市民政局的支持下,积极利用大数据技术手段,开发社区"心愿码"平台,注重日常收集包括社区养老服务需求在内的"许愿"信息。与此同时,临汾不断升级民情日志数据信息系统,完成了对辖区内60岁以上老年人口的"精准画像"。"心愿码"与"民情日志"相互联动,不仅全面掌握了老年人口的潜在养老需求,还能通过老人生活数据的变化及时作出相应的风险预警。

比如,临汾路街道每日关注独居老人等社区服务重点人群用水数据,一旦连续24小时出现零用水情况,"数字驾驶舱"会自动"吹哨"向属地居委会推送预警短信,提示居委会派员核实情况。有一天,261弄的独居老人黄阿婆的水表出现零用水预警,居民区书记施菊丽立刻接到了派单,上门查看才知道原来黄阿婆临时被子女接走。这虽是一场虚惊,但足以体现以数字技术为依托的养老服务工作之敏锐有效。

另一方面,街道充分发挥大调研、大走访工作的优良传统,正视部分老年人口在数字技术使用方面居于弱势的事实,积极通过线下渠

道动态了解民情民意。比如，街道工作繁重、工作人员人手本就紧张，在此情况下临汾路街道依然推进社区"养老顾问"点建设，确保每个社区有一位养老顾问作为联络人；同时，坚持以街道机关干部、职能科室行政力量、社区志愿者、驻区单位力量、居民自治力量五种基层治理力量为依托，开创"五线谱"工作法，要求联络员每周至少走访居民区一次，一年联系走访居民不少于30户，结合"党员走访"制度，充分畅通线下意见收集渠道。

线下意见收集被证实是准确了解老年人在想什么、需要什么的重要渠道，是回应老年人需求、解答老年人疑惑的重要手段。比如，对于"依托社区的居家养老"来说，开始并不是一个老年人熟悉并接纳的概念，街道在落实各项养老服务设施建设时就需要不断地与老年人沟通，当越来越多的老年人理解了政策概念、享受到了养老福利后，自然也会理解并支持街道的工作。比如，在为老服务中心建设的初期，并不是每位老人都支持这项工作，贺洁书记在介绍街道的"长者照护之家"的建设时就提到，"我们的为老中心里设置了'长者照护之家'，主要是希望给老人和家属提供一个喘息的服务。比如有很多老人刚出院以后，如果觉得家人还没有时间精力和医护知识照顾他们，来到我们的'长者照护之家'，就能够得到一个很好的缓冲。但当初'长者照护之家'要建的时候，很多人以为这就是一个养老院，有不少反对的声音，这说明老百姓有可能对这个概念还不太理解。也因此，我们就要不断地做通老百姓的工作"。

（二）以人民为动力，调动"年轻老人"志愿者团队服务"老年老人"

由于临汾路街道老龄化程度远超全国和上海的平均水平，已经步入"重度老龄化阶段",面对迅速增加的老龄人口和与日俱增的老年服务需求,在快速精准定位了老年人的需求之后,如何具体回应这些需求并制定富有针对性的解决方案,这是临汾路街道长期面临的课题。如果说,线上线下调研的车轮是街道开展为老服务的"指南针",那么以社区内年轻老人(刚刚退休或者步入花甲不久)为主体的养老服务志愿者,就是深入老年人日常生活、回应老年人核心需求、解决老年人具体困难的"执剑人"。这些"执剑人"很多本就身处老年人群体,他们富有爱心,对老年人的身心变化感同身受,也有一定闲暇时间,愿意"老有所为"。于是,街道与这些社区志愿者一起织就了一张既能科学决策,又能及时回应、深度落实的养老服务"网"。

老年协会在"年轻老人"志愿者团队的组织动员上,无疑发挥了重要作用。临汾路街道老年协会是2005年经原闸北区社团局注册建立的社团组织,目前会员296人,其中党员130人,会员中社区助老志愿者总占比96.3%。随着老年人群多元服务需求不断增长,协会从初期开展老年人自娱自乐活动逐渐转型,对接了市、区、街道多项政策帮扶及溢出政策的社区公益助老服务项目,发展成为以开展安老、助老服务为己任的公益性社团组织。老年协会主要是借助组织志愿者参与项目的方式,为老年人提供细致入微、服务上门的养老服务。

作为内生型的社团组织,老年协会的志愿者主要是75岁以下的年轻老人。比如,他们通过"老伙伴"项目,与街道80岁以上高龄独居老人结成"伙伴"(见图5)。60岁出头的"年轻老人"隔三岔五到八九十岁的"老年老人"家里话话家常、唠唠嗑,这种邻里互助的养老模式对于老服务社区环境的营造,尤其对于高龄独居老人精神上的慰藉是巨大的。楼家红曾任临汾路街道下辖居民区的书记,后调任到社区的社工服务总站,退休后担任街道社团组织"老年协会"的会长；最近刚刚卸任会长职务，她称自己的这次卸任是自己的"第二次退休"。年逾70岁的楼家红依然积极地组织和参与社区中的志愿者事务，每当谈起老年协会组织的为老、助老项目，总是神采奕奕。像楼家红这样积极投身社区养老服务事业的老年志愿者还有很多，他们通过自愿结对、参与特定助老项目等方式，支持社区的养老、助老服务事业。

图5 "老伙伴"项目探视老人

楼家红规定"老伙伴"项目的志愿者必须每周两次上门关心老人，并就探访情况作文字记录。她同时感言："志愿者很好的，我们要求他们看到老人就要关心，实际上志愿者上门不止每周两次，因为并不是每次上门了就要做记录，还有很多问候都是不做记录的。比如，就像现在天气特别炎热，我们的志愿者会到对口的'老伙伴'楼下打个门铃问声好,'阿姨今天气色好伐?天热少出门'。再比如,天气预报发出了大风雷电暴雨黄色预警,我们的志愿者又会来到对口的'老伙伴'楼下再打个门铃,'明天要来雷阵雨了,阳台上的花盆拿进来了,对伐'?"实际上,热心的志愿者做的事情远比楼家红介绍的要多。当冷暖骤变时,志愿者们都会及时探视慰问;帮忙买个东西、下楼带个垃圾都是常事。仅2022年底,街道共服务1 410名老人,结对志愿者282人,开展上门探访及电话慰问服务135 360人次,孝亲敬老慰问1 410人次。在重阳节等传统节日,还会开展一些主题活动,一些年轻的80后90后志愿者也会参与其中,一起教爷爷奶奶玩陶泥、用微信、玩抖音,玩得不亦乐乎。

和车轮食堂的志愿者一样,"老伙伴"结对志愿者对老年人时时刻刻的关心,也构成了一个潜在的危机预警系统。楼家红提及近年发生的一起志愿者救人的事件时十分感慨:"我们100弄那一个分会长不要太好啊,她和结对老人就像姐妹一样。她有一天去探视,发现怎么门敲敲没声音?她想着对方可能买菜去了。等到了11点时不放心又去敲敲门,依然没有声音,她就觉得不对劲了。然后马上联系居委会,再赶紧联系老人的子女。幸好老人的子女住得不是很远,赶过来用钥匙把门打开时,老人已经躺在地上了,我们赶紧把老人送到了医院,医生说送得真及时。"

协会还通过"安慧暖阳"项目关怀失能、失智老人,为社区内100名失能(智)老人及家庭提供照护,开展结对关怀、康复指导、护理培训及社区关爱主题活动和菜单服务;同时联合社区医院、理发店等为这些老人提供上门义诊、免费理发等服务,还会为失能(智)老人家庭中的其他成员提供一定的心理疏导帮助。正是这些细枝末节处的热心服务,一天又一天积攒和延续的关心,像一束束光不仅保障了高龄独居老人的物质生活，而且照亮了高龄独居老人的精神世界，收获了老人的信任与认可。楼家红介绍，在"安慧暖阳"项目里有一位失能老人，家里种着一棵柿子树，他每年坚持坐着轮椅亲手将摘下的新鲜柿子送到老年协会的志愿者们手上，表达他的一份感谢。

（三）以人民满意为标准，借助制度化评估体系不断优化街道为老服务

临汾路街道在为老服务工作具体落实的过程中，始终坚持以"人民是否满意"作为衡量街道为老服务质量的唯一标准。一方面定期开展线上线下相结合的调研走访，积极回收民意的正面和负面的反馈意见；另一方面，积极引入专业化的第三方评价体系，对提供养老服务的机构进行专业化、规范化的评估。

就线上线下调研走访来说，以社区食堂为例，临汾路街道现有四家社区食堂，同时为社区的"车轮食堂"供餐（见图6）。临汾路街道在增设第四个社区食堂时，就是利用大数据算法进行综合研判，最后选取了最适合满足当前养老需求的地点建设社区食堂。车轮食堂的志愿者们，也是利用现代化的数字技术，为送餐服务做好前期和后期的统计工作，所有动态的就餐问题都会第一时间传递到相应的微信群内。

位于临汾路街道阳曲路391弄的社区食堂是上海最早兴办的社区食堂之一。2016年开业，一开业就成了"网红"食堂，曾经因为两元一个的大肉包卖得太火，有老人排队买不上，还被居民拨打了12345市民服务热线投诉。街道正视这些增设的优质服务产生的衍生问题，第一时间会同多方，针对差异化的服务对象，来不断调整和优化用餐时间，以期提供更好的助餐服务体验。老年人由于口味与年轻人具有差异，不同年龄段老年人对菜品的偏好也各有不同，社区食堂并不是

图 6 社区食堂

一开始都能把握住老年人的胃口。所有调配菜品口味的意见都是定期由送餐志愿者传递到居委街道,再由街道提供系列方案反馈给食堂予以解决。比如,怕老人吃腻,食堂就会根据季节变换,调换新的菜品。像天冷的时候,就会新增个煲汤,12元一份的花生猪脚煲就卖得非常好。食堂打烊后,师傅一般还会留下来试菜,琢磨再增加几道花样砂锅给老人尝鲜。

就第三方评价体系来说,为加强社区助餐点的管理,临汾路街道与中国质量认证中心合作,在上海市创建了首个社区为老助餐服务质量评价机制和评价体系。街道依托"一卡通"信息化管理系统,结合食堂内的适老化改造、老年人满意度、睦邻友好关系等指标,每三个月进行一次为老助餐服务质量测评,对测评过程中发现的问题第一时间提出整改建议,要求运营商即知即改。同时,街道把评价结果作为奖励补贴的重要依据。比如，评分90分及以上，按照补贴金额的100%给予支持；评分80—89分，按照补贴金额的90%给予支持等，敦促和激励社区助餐点运营方不断改进提升。目前，几个社区为老助餐点日均供餐1 100余客，群众满意度定期抽样测评保持在95%以上。

贺洁书记介绍："这套评价体系首要的一条是基本要求能否达到，也就是说食堂能拿到笑脸、平脸还是哭脸？如果是哭脸的话，那么相应的食堂补贴就拿不到。这套评价体系还会考察，食堂硬件方面的管理是不是到位？运营制度是不是健全？回购率是不是很高？"她以"肉圆"大小的调整生动举例，展示老年人的意见是如何被整合进标准化的为老助餐服务中去的："拿肉圆来说，有些老人希望更加实惠的，'这个肉圆我就要大个的'；有些老人则更追求菜品更加丰富，'肉圆不用那么大'。我们后来就借助第三方考评体系的满意度调查，强调供餐服务的标准化，比如一个肉圆到底有几克？要结合老人的满意度情况，制定好最优标准，然后在后期考评的时候加以抽查。中国质量认证中心每年也会提供一份综合评价报告给我们，具体指明哪个食堂有哪些方面有明显进步，有哪些方面还需要整改，还有哪些方面有提升空间。"

由于社区食堂采用公建民营的社会餐饮企业的运营模式，考虑到社区食堂的地理位置，它不单单承担了供餐的任务，也是与小区居民交流、互动的一个公共空间。因此，除了助餐方面的硬标准，像"睦邻关系"这类软标准也在社区食堂考核范围内。临汾路街道层面也希望通过这样的软性考评，支持和引导社区食堂开展一些公益活动，不断提升助餐水平，优化为老服务。

撰稿人：李 梅 程欣月

5

社区治理数字化转型

不打烊数字小屋：
跨时空的应需服务区

2016年，习近平总书记在十八届中共中央政治局第三十六次集体学习时强调，要"加快用网络信息技术推进社会治理"。2021年，《中华人民共和国国民经济和社会发展第十四个五年规划和2035年远景目标纲要》提出，要"以数字化转型整体驱动生产方式、生活方式和治理方式变革"。总书记在党的二十大报告中强调指出，要"健全共建共治共享的社会治理制度，提升社会治理效能"。

当前，社区治理正在向信息化、智能化、数字化转变，打造数字赋能高治理水平的现代化社区是城市社区建设的重要议题。临汾路街道率先踏上"数字技术赋能社区治理"的探索之路，在共建共治共享的民主实践基础上，依托数字技术手段提高人民群众参与治理的效率，增进政府和人民之间的互动，进一步推动全过程人民民主的发展，尤其是打造"24小时不打烊数字小屋"，将数字化的民生服务送到居民身边，建设满足人民需求的跨时空应需服务区，切实推动社区治理的数字化转型。

一 数字小屋，应"需"而生

当人们来到临汾社区，首先可以直观地感受到这个社区的温暖、和谐和宁静。无论新建小区或是老居民楼,都充满了生活气息,住户在阳台上摆放鲜花和绿植,给人一种宜居的温暖。街道宽敞整洁,居民们在这里散步、锻炼身体、沐浴阳光,彼此微笑着打招呼,一派和睦的氛围。

在临汾路街道,人们还常常能看到走家串户、面带亲切微笑的社区工作者们。他们的任务是走访社区居民,了解居民生活情况,解决居民可能的困扰。为践行"走百家门、知百家情、解百家难、暖百家心"的"四百"精神,静安区于2015年启动居民区常态化走访制度,社区工作者通过"四百"走访常态化工作进入社区,切实了解居民的生活需求和情况。街道要求社区工作人员每周最少走访25户,平均每天5户,力求让需求探访工作惠及更多居民。除了上门走访,也有不少居民接到社区工作者关怀备至的电话。对于两点一线、工作忙碌的年轻人,社区工作者也会通过微信与他们联系,以多元化的方式了解居民情况和需求,向居民提供最有效的社区服务。

临汾路街道借助"社区云"平台,上线了"楼长上报"功能。楼组长可以将本栋楼的人员变动、居民需求,或是居民遇到的困难及时上报反馈,助力"四百走访"更加精准。"楼长上报"将需求探索的过程进一步细化,落实到每一栋楼,弥补了社区工作者可能错漏的居民需求。同时,楼组长作为社区居民的一份子,更能从居民视角出发,为社区服务提供许多宝贵建议。

除了社工居民面对面、极具温度的走访工作,临汾路街道还将"探索居民需求"这一目标与数字化、信息化工具结合,试点运用市民政局开发的"心愿码"小程序,将居民需求的被动探索升级为居民主动提出需求。通过社区"心愿码"平台,居民可以全程参与到社区治理当中,从"旁观者"转变为"实践者"。居民可以在"心愿码"

上找到针对"末端配送""充电设施""智能安防""电梯阻车""智慧养老"等数十种应用场景以及针对不同场景的解决方案。居民们既可以在"心愿单"中为已有方案投票"许愿",也可以提出新的需求和建议,临汾社区会尽可能地满足居民一切可行需求。通过"心愿码"这一数字化手段来汇集居民建议与问题反馈,深化社区民主的参与式治理,为富有温度的社区服务提供切入点。

无论是"四百"走访"心愿单"还是"楼长上报"功能,街道社区工作者的根本目的在于获悉居民的切实需求。街道在后台接到居民提出的需求与心愿,并在走访中汇总发现的需求,以及通过"楼长上报""心愿码"征集的需求。街道会根据需求的呼声强度与"许愿"次数,并结合小区本身的建设条件对需求进行筛选。此外,街道使用人工智能算法"数字驾驶舱"的需求测算功能,对需求进行评估。如果某些需求的需求度较低或者当前街道不具备建设条件,街道会将这些需求暂时搁置,以减少协商议事成本。

为了充分确保需求实现的合理性,街道会将所筛选的需求纳入社区协商议题,根据项目的范围和资金来源,选择适当的协商和决策平台,如听证会、协调会、评议会"三会"以及居民区"1+5+X"共治联席会议平台予以协商。在会议中,就项目的必要性、建设时间、点位布局等重要内容进行征询和民主协商,街道充分吸收居民的意见和建议。

最终,经过居委会、业委会和居民的共同努力,建设项目得以确定。居民们可以在"心愿码"平台上的"建设资源包"板块查询"白名单"企业的介绍、建设案例、合作模式以及"好差评"情况。通过民主协商的方式,居民们可以进一步了解项目情况,参与其中,共同见证社区的发展和美好。就这样,在居民的呼声与慎之又慎的协商中,临汾路街道"24小时不打烊数字小屋"于2021年底应需而生(见图1)。秉持"数字多跑腿、居民少跑路"原则,"数字小屋"实现居民下楼就可以办事,成为"家门口的事务受理中心""不打烊服务区",社区居民真切感受到数字带来的便利与温暖。

图1　24小时不打烊数字小屋

二 时空无阻,暖心守护

街道利用星城花苑小区内一个15平方米的垃圾箱房废弃空间,将其重新装修,以沉稳的砖红色作为墙漆颜色,嵌入干净明亮的玻璃门,临汾路街道第一个"24小时不打烊数字小屋"便建成了。建设伊始,经过居委会、业委会与居民的协商,小屋内初步引入"一网通办"公共服务端自助机、AI"一分钟诊所"、水电煤缴费一体机、数字图书馆以及共享打印机五大功能。

"24小时不打烊数字小屋"刚竣工时正逢抗击新冠肺炎疫情期间，药店的常用感冒药、退烧药等销量大增，部分药品暂时缺货。而这时，居民们却惊喜地发现"24小时不打烊数字小屋"中的"自助购药机"里不仅有常用的感冒药，其余常用药物也应有尽有。跑遍各大药房都解决不了的"购药难题"，竟然在数字小屋中一个不起眼的购药机上解决了！就这样，除了本就积极在"心愿单"上许愿助力数字小屋建设的居民，其他居民也在口口相传中对"24小时不打烊数字小屋"的便捷功能有所了解，不少居民慕名前来体验。

不必刻意宣传，不用四处公告，一个以解决居民需求、助力居民幸福生活为建设目标的数字小屋就这样进入了大家的视野。除了自动购药机，小屋中的AI"一分钟诊所""一网通办"自助机也都颇受居民欢迎。无论是领取口罩、测量血压还是打印随申码，都极为简单快捷。数字化让社区生活更加便利，让居民享受到现代科技的红利（见图2）。

73岁的朱先生是"24小时不打烊数字小屋"的常客。疫情时期一个晴朗的早晨，朱先生走出楼道，熟门熟路地推开数字小屋的玻璃门。他首先来到数字小屋左侧的口罩机前，通过微信扫码，免费领取了一只全新的口罩，这个简单的动作让朱先生富有安全感。接着，他来到AI"一分钟诊所"，推开"24小时问诊室"大门，把手放在感应器上，AI系统立即开始测量他的血压。几秒钟后，屏幕上显示出了他的血压结果。这种方便快捷的便民服务让朱先生非常满意，自助医疗设施不仅准确快捷，还能让他随时关注自己的健康状况。离开数字小屋前，他使用"一网通办"自助机为不会使用智能手机的老母亲打印了一张随申码，机器操作起来非常简单，只需要轻松几步就能获得离

人民城市在临汾社区的实践
——老百姓眼中的"全过程人民民主"

图2　居民在"数字小屋"内在线缴费

线随申码。朱先生心满意足地离开数字小屋,他不禁感叹数字化带来的便利,数字化已经深入到生活的方方面面,为他们的社区生活幸福感带来了巨大提升。

星城花苑的居民王阿姨说:"自从居民区进行数字化转型后,我感觉既新鲜又方便。比如,我之前来到居委会,请求工作人员帮忙设置手机随申码,但是由于自己年纪大了,手机不会操作,必须请年轻人帮帮忙。居委会工作人员主动为我通过'一网通办'机器打印'随申码',感觉很方便,以后出门总算不要搞手机了,这个机器确实为老人生活带来了便利,希望新的一年这样的服务能更多进入小区,老人们都感觉更加'年轻'了。"

星城花苑小区的李女士母子是数字小屋的"忠实用户",他们常常"光顾"数字小屋内配备的共享打印机功能。"有的时候家里打印机没墨没纸了,学校里的作业、试卷又急需打印,真是急坏了。"李女士的儿子是一名初中生,基本每天都有需要打印完成的作业。"好在有这个共享打印机,很方便的,我们带U盘下来把要打印的文件拷进去就可以打印了。"李女士发现,共享打印机不仅支持普通的黑白打印,彩色打印也不在话下,还可以选择A3、A4不同的纸张。"价格也很合理,基本就是外面打印店的价格。肯定不能免费,如果免费,机器很快就损耗了,我们真正有需求,付费也很合理的。"

小区居民张阿姨第一次使用自助口罩机就对它带来的便利深有体会(见图3)。一天,张阿姨下楼后才发现没有佩戴口罩,她腿脚不便,返回拿取实在不便,便向小区的保安求助。小区保安李师傅指着门口的"数字小屋",笑道:"张阿姨,您去拿吧。"这才解决了张阿姨的燃眉之急,张阿姨不由感慨:"这个设备真方便,我年纪大了,

图3 小屋内的自助口罩机广受好评

再走回家拿口罩很吃力,现在只要在这里扫一扫就能领取,真的非常方便。"

"数字小屋"还打破"小区"这一地理限制,让围墙内外成为一家人。除了小区居民,小区的"常客"外卖小哥们也能享受到数字小屋带来的便捷。外卖员小金便是数字小屋的常客之一,他性格有些马虎,往往骑着电动车来到小区门口才意识到自己忘记佩戴口罩。抗击新冠肺炎疫情期间,为保障居民安全,小区严格要求外卖员佩戴口罩。他担心无法按时完成配送任务,不由心急如焚。眼见着大门离他越来越近,一个砖红色的建筑忽然映入眼帘,透过玻璃门,"自助口罩机"清晰可见。小金迅速进入数字小屋,取出手机扫描机器上的二维码。机器发出嘀嘀声,一个口罩便从机器中滑出来。小金松了一口气,他戴上口罩后,重新骑上电动车为居民配送食品和物资。他深知自己的责任,既要确保食品药品安全送达,同时也要遵守小区规定,保护居民健康。"数字小屋"让围墙外的快递、外卖小哥们等新就业群体也成为社区的一家人。

数字小屋为居民们提供了很多帮助,数字化独有的"跨空间"能力更为数字小屋提供多项服务整合的无限可能。从前,想要获得相同服务,居民需要前往社区卫生服务中心完成简单的身体健康诊断,前往小区外的打印店打印几张试卷,为一盒感冒药甚至西瓜霜、创可贴跑一趟药房。如今,这些功能汇集于一个15平方米的空间,居民足不出小区也能够享受方便快捷的服务。临汾路街道阳曲路391弄的居民朱阿姨趁着周末走进家附近的"数字小屋",一趟办成几件事:打印孙子的作业、缴纳水电费、更换《门急诊就医记录册》。一个原本闲置的空间,如今竟集纳了"一网通办"自助机、公用事业费一体缴费机、AI诊所、数字图书馆、共享打印机等多个便民设施,化身为居民应需的"百宝箱"。

更值得关注的是数字小屋的"24小时不打烊"特质，这赋予了数字小屋"跨时间"的能力，实现"跨时空"的融合。无论何时需要紧急购药，或是急需打印重要材料，抑或深夜身体不适，需要进行线上会诊，数字小屋永远为需要服务的居民点亮一盏灯，满足居民切实的生活需求，为通往幸福生活的道路打下基石。

三 小屋功能，应"需"而变

"24小时不打烊数字小屋"最初建设的五大功能并非一成不变，随着居民需求时时变化，一些使用率较低的机器被搬出，为居民需要的新功能腾出空间。

"一网通办"公共服务终端自助机曾经最常用的功能之一是为居民打印"离线随申码"，各大线下场所开放后，这项功能逐渐无人问津。"一网通办"自助机的就医记录册的自助申领、更换、补发功能一跃成为"高频"办理的事务。有了数字小屋，腿脚不便或居住较偏远的居民不必再前往事务中心，只需要在自助机上申办就可以自助更换新的就医记录册。更可喜的是，小屋的24小时不打烊属性，使晚上下班回来的居民也不必担心错过事务中心工作人员的工作时间，可以随时更换就医记录册，为居民提供更便捷的方式与渠道。"人可以下班，机器不会下班"，临汾路街道的陈戴静副主任认为，"信息化、数字化的工具为居民提供随时享受社区服务的权利，契合居民的需求"。

值得一提的是，数字小屋中的水电煤缴费一体机为居民提供了极大帮助。临汾社区是一个老龄化程度较高的社区，对于老年人来说，每个月缴纳水电煤费都会遇到两大痛点：首先，水、电、煤缴费的时间各不相同，线下缴费需要分三个时间分别缴费。一次次缴费对老年人来说是一大记忆难题，常有老年人忘记缴费时间。还有不少老年人腿脚不方便，缴费困难。社区面对这一问题也难有两全之策，社区工作人员人力并不足以支持社工挨家挨户上门为老年人提供缴费服务。数字小屋中水电煤缴费一体机的出现，无疑是为困难老人"雪中送炭"。老年人在小区内便可将水电煤费用一次缴清。社区利用这个简单的智能终端设施，也在点滴之中诠释着"美好临汾，幸福社区"的内涵，提升了临汾社区的适老化水平。

数字小屋的功能并非固定的，而是以"应'需'而变"为基本准则。2023年初，有居民向社区工作人员提出需求："我下班比较晚，回到家后往往疲惫没精力做饭，数字小屋是否可以引入提供半成品食物的机器？购买后回家微波炉加热就能食用，比较方便。"为满足这一需求，业委会联系相关供应商，为小屋引入半成食品贩卖机。但是经过一段时间后，街道发现半成食品的销路并不理想，居民需求量不大，这可能与社区老龄化程度较高等原因有关。街道根据需求变化，及时地调整、更换数字小屋的机器，力求提供最能解决居民需求的社区服务。

在居民的反映下，街道将半成食品贩卖机更换为智能碾米机。对于现代人来说，没有时间去菜市场或超市是一种很常见的现象，而随着物质水平发展，人们更加关注食品安全、营养和健康。街道引入智能自助碾米机，即时现碾大米，可以做到最高程度地保留大米营养。碾米机的谷仓放稻谷，将现磨大米贩卖给居民，只需几十秒钟便可产出新鲜的大米。居民可以在手机上查询存储、库存、交易信息和结算数据，使用智能碾米机可以随时随地买到新鲜大米，居民不必再扛大袋米上楼，也可以解决下班晚买不到米的问题，极大地方便了居民生活（见图4）。

陈黛静副主任说："我们看需求，需求量大，那就保留；如果需

图 4　碾米机位于小屋一隅

求量不大,那就根据需求再调整。"通过"四百走访""心愿码""楼长上报"等多渠道,居民的多元化需求不断聚集。数字小屋是居民需求得到落实,居民困难得到解决的一种实体方案,无论小屋内功能发生怎样变化,服务如何优化升级,临汾路街道一心为民的服务理念不会变,数字化赋能居民安居乐业的根本目的不会变。

四　创新模式,迭代升级

临汾路街道的第一个"24小时不打烊数字小屋"位于星城花苑小区,广受居民好评。其他小区的居民也纷纷提出,希望社区能够建造更多的数字小屋,造福更多居民。临汾路街道响应居民需求,截至目前已建成3个"24小时不打烊数字小屋",为更多居民带来数字化服务。在此过程中，临汾路街道不断探索数字小屋的不同模式，在创新中因"地"制宜，实现不同阶段不同模式的迭代升级。

（一）数字小屋 1.0

第一个阶段的数字小屋以实验性质为主，街道以如何获得居民需求、如何满足需求、引进哪些设备为核心关注点。经过数字小屋一段时间的运行，街道发现实验是成功的，小屋能够达到预期运行目标。数字小屋的现有功能采取流动模式，居民及时反馈需求，调整功能。

（二）数字小屋 2.0

实验阶段获得成功后，数字小屋的可持续性被纳入关注焦点。完全依赖政府投入建设的方式会导致建设投入机制单一、资金来源单一，这无益于"改善民生、造福人民"的长期建设目标。因此，街道对第二个数字小屋进行创新升级，试图引进市场化的主体参与，并引入小区物业来对数字小屋进行卫生清洁、电力维护。在临汾路 375 弄小区"数字小屋"建设过程中，居民区党总支带领居委会、业委会、物业公司一起想办法、出主意，业委会主动腾挪出办公用房，物业公司积极出资建设，参与后续运维，居委会引进公用事业费一体缴费机、共享打印机、智能口罩机等智慧便民设施。

（三）数字小屋 3.0

然而，数字小屋 2.0 模式也具有一定不可复制性，因为该数字小屋所在小区的物业相比其他老小区的物业更具实力，具有维护小屋运行的基础。尽管因"地"制宜的小屋 2.0 模式凭借其物业管理，运行得井井有条，但完全依赖物业维护数字小屋同样不具有可持续性。数字小屋升级迭代，迈向 3.0 模式。该模式下，街道允许业委会介入小屋建设，替代物业在其中的部分作用，业委会与供应商直接沟通协调，形成供应商提供公益性补贴给业委会、维护小屋建设、居民参与社区经济回报供应商收益的有机循环，实现小屋自主造血。

总的来说，临汾路街道在数字小屋建设过程中展现出高度的创新精神和对居民需求的敏感度。从数字小屋 1.0 到 3.0 的迭代升级过程中，街道不断尝试新模式，以满足居民的新需求，同时也考虑到该社区治理数字化转型项目的可持续性和自主性。

数字小屋三个模式的迭代升级，实际体现了社区治理数字化转型的推广和演变之路。首先，街道将需求贯穿于数字化转型的过程中，数字化不仅仅是技术的应用，更重要的是与社区居民的实际需求相结合。这是社区治理数字化转型的第一步，也是最为关键的一步。其次，市场化融合与多元化主体参与社区治理模式的创新。2.0 模式的尝试，体现了社区治理在数字化转型过程中的创新意识。最后，如何在数字化转型的过程中实现社区的自主性，如何使得居民真正参与到治理中来，成为关键的问题。3.0 模式体现了社区治理在数字化转型过程中更加注重居民的参与和项目的可持续性。这种不断探索和创新的精神引领着临汾路街道，使其成为数字化社区治理的标杆之一。

（四）数字小屋 X.0 的发展道路

临汾"24 小时不打烊数字小屋"建设成果已成为各社区学习的标杆，在数字化转型过程中体现的创新精神与全过程人民民主理念将伴随数字小屋走向更广阔的未来发展道路。在未来数字小屋的进一步建设中，临汾路街道将继续坚持以党的领导为根本、深度贯彻积极数字化转型、践行全过程人民民主理念。

首先,党的领导是中国特色社会主义最本质的特征,数字小屋的建设和发展也必须坚持党的全面领导。全面推进以党建引领基层治理,意味着数字小屋的建设方向、内容选择和服务方式都要与党的政策和方针紧密结合,确保数字小屋成为宣传党的理念、服务人民群众的重要平台。数字小屋的建设将继续落实党的根本宗旨,坚持全心全意为人民服务,永远将人民的需求放在最高位置。

其次,数字小屋的建设道路将持续贯彻数字化转型的创新精神。无论是临汾的"心愿码"平台还是"24小时不打烊数字小屋",都体现了一代又一代的临汾人在数字化创新与社区治理的赋能融合方面作出的努力。数字小屋将不断引入和应用数字技术,如人工智能、大数据、云计算、服务型机器人等,探索不同的应用场景,创新服务内容,不断满足需求,提升服务效率。

最后,积极践行全过程人民民主的基层实践。社区治理的全过程人民民主强调了居民在社区事务中的权利行使和参与意识的提升。数字小屋采用居民广泛参与和公开透明的需求收集方式,确保了居民在社区活动中的民主参与。这样的基层实践既贯彻了全过程人民民主的核心理念,也为社区的稳定进步奠定了基石。

信息化、数字化技术,作为数字化转型的时代大背景下践行社区治理全过程人民民主的工具,为人民需求与社区服务搭建坚实桥梁,助力基层进一步提升社区公共服务水平,也将人民的选择、人民的判断、人民的需要落在实处。临汾社区"24小时不打烊数字小屋"的建设、运行和应用,是数字化转型中社区治理全过程人民民主的基层实践的具体体现。未来,临汾路街道也将继续践行全过程人民民主,将民主参与、信息透明、权益保障等全过程人民民主理念贯穿社区建设全过程,努力建设美好临汾、幸福社区。

五 临汾经验：不打烊数字化

（一）双向赋能，效率提升

数字小屋的引入在居民区中发挥了重要作用，它扩展了街道和居委会的服务范围，延展了居民享受社区服务的时间。在星城花苑小区中，数字化在社区治理的"最后 100 米"中持续发挥着重要作用。各种实用、有效且深受居民喜爱的应用场景，解决了居民部分需求，提升了居民的满意度。数字化融入社区基层治理，不仅仅意味着快速便捷，更应彰显和强调人文关怀。

这种人文关怀并非单独面向临汾居民，同时面向社区的工作人员。临汾路街道的工作人员这样评价数字小屋对居民满意度的影响："居民的需求满足了，居民对整个社区就满意了，那么居民对于社区工作人员的满意度也上去了。"除了满意度，数字小屋有效地将社区工作人员从日常琐事中释放出来，让他们有更多时间和精力联系和服务居民，实现双向赋能。

"一些基础服务在数字小屋中都可以得到解决，这对于我们基层工作人员来说也是一种减负。"在数字小屋进入社区前，一些看似简单的"基础服务"实际上给基层人员带来极大的工作量。以星城花苑居民区为例，其居民体量中常住人口近 5 000 人。曾经，仅仅是为居民打印"离线随申码"就要花费基层人员大量精力，居民在社区基层人员上班时间之外的"紧急需求"更加难以充分满足。

如今，社区的数字化数据得到充分利用，同时，居委会工作人员也有更多的时间进行深入走访，进一步了解居民需求，社工们也能够省出更多时间走访社区，做深层排摸。基层工作人员有更多时间了解需求、完善信息,为人工智能生成更精准地匹配群体与个体帮扶措施打下良好基础,形成良性循环。此外,基层人员从高重复性的工作中脱身,也能有更多精力关注社区内的少数群体,有更多机会为居民解决更复杂棘手、更紧急的问题,提升基层治理的效率与水平。

(二)多元参与,共建共治共享

数字小屋的背后是以居民、社区、社会为主的多方主体,共同建设并维护数字小屋,积极践行共建、共治、共享的社会治理制度。居委会、业委会和供应商是其中参与主体的代表。居委会作为基层自治组织,负责居民服务和社区管理的工作;业委会作为业主自治组织,承担着协调社区利益和居民需求的职责;供应商则提供各种服务和产品,满足居民的各种需求。这三者形成了良性互动,共同推动数字小屋的建设和运营。

首先,业委会代表全体业主,是居民的代表。通过数字小屋,社区居民可以随时随地获取各种便利的社区服务,同时,居民也会通过业委会及时对数字小屋的功能和使用进行反馈。例如,居民通过业委会申请数字小屋公共自助设施的使用、报修问题,查询数字小屋相关公告与信息,还可以向业委会提交意见或建议等。业委会负责协调居民需求,也负责捕捉多元的公益性收入机会以进行社区维护。在数字小屋的功能更新调整过程中,业委会同时负责与供应商洽谈,并对不同的供应商产品进行严格筛选,为居民维护并争取更多利益。

其次,从市场角度,企业试图通过数字小屋的方式进入小区,以此找到社区商业的流量和入口。各智能自助产品的供应商即为社区商业代表,以从社区商业中获得利润、扩展利润为目的。供应商也理应向社区反哺成本补贴,一般是以电费补贴的形式给予社区公益性收入。供应商与业委会洽谈，以产品质量为敲门砖，力争通过业委会的审核制度，获得产品准入数字小屋的机会。

最后，数字小屋的建设，是对基层治理主体—社区工作者工作压力的减负，社区工作者也承担着帮助社区居民享受数字小屋带来的智能化服务的责任。数字小屋刚建成时，基本每天都有一位工作人员或者志愿者负责引导使用智能终端设备。居民口口相传以及工作人员的耐心指导，使得社区居民对于机器熟练度与掌握度提升，不再需要工作人员时时刻刻提供帮助。星城花苑小区的数字小屋距离居委会较近，居民如有需要也会自发自主地前往居委会，寻求工作人员帮助。

共建、共治、共享的社会治理制度，提升了社区居民参与社会治理的积极性和主动性，增强了社区居民的获得感和满意度。数字小屋作为社会治理共同体的一部分，不仅提供了高效便捷的社区服务，也为居民、市场主体、服务提供者之间建立了更紧密的联系和互动，进一步促进了社会治理的规范化、民主化和科学化。

（三）自主造血，有机循环

数字小屋的建设目的是满足居民需求，是提供公共服务的渠道之一。然而，小屋的建设和运行如果全部依赖政府资金投入，其建设、运营、维护、人力等成本巨大，这无疑是不可持续的，数字小屋需要引入市场力量参与到运行过程中。数字小屋在不断发展、探索的建设道路中，挖掘出"自主造血、有机循环"的运行逻辑，赋予数字小屋较强的可持续性。

供应商作为市场力量，同时也作为数字小屋的合作伙伴，以弥补运营成本为目的，向小屋提供一定额度公益性质的电费补贴。这一补贴可用于支付小屋 24 小时全天候不打烊的长时间运行所需的电力费用，确保数字小屋能够全天候持续为居民提供服务。

业委会作为业主自治组织，负责管理和维护数字小屋的运营。业委会利用供应商提供的电费补贴，来维护数字小屋的设备运行、软件和硬件更新、耗材补充等，确保数字小屋正常运行。

数字小屋作为社区的公共服务平台，提供各种便利的社区服务。通过持续提供优质的服务和便利设施，居民可以得到实际的需求满足，从而激发居民正向的社区治理积极性和参与度。居民对数字小屋的广泛使用也将带来一定的收入，如广告费用、消费收益等，这些收入可以用于回馈给供应商，作为社区商业的切实利润，形成正向循环。

通过这样的有机循环过程，数字小屋不仅能够持续为居民提供各种服务，满足居民需求，还能不断改进和提升自身功能，并实现自给自足的运行，减轻了社区的财政压力，提高了数字小屋的可持续性。同时，这个过程也促进了居民和业委会之间的合作和参与，真正实现社区服务的"自主造血"。

临汾不打烊数字小屋的建设在提升基层社区治理效率、鼓励多元参与、实现数字化转型实践的可持续发展等方面发挥了显著作用。数字小屋的出现减轻了基层工作人员的负担，让工作人员有更多时间深入探索居民需求；同时，数字小屋使居委会、业委会、供应商多元主体参与建设和运行数字小屋，实现了共建共治共享的社区治理模式；此外，通过供应商的电费补贴、业委会的设备维护、居民的使用支撑自身运转，实现了自主造血和有机循环，为基层社区治理提供了具有可持续性的成功经验。可以说，数字小屋为临汾居民提供了一个便捷、高效、贴心的社区服务平台。

撰稿人：朱　琳　唐　浙

民情日志：做好基层顺风耳

习近平总书记在党的二十大报告中指出："江山就是人民，人民就是江山。中国共产党领导人民打江山、守江山，守的是人民的心。治国有常，利民为本。为民造福是立党为公、执政为民的本质要求。"2023年，学习贯彻习近平新时代中国特色社会主义思想主题教育工作会议召开，总书记发表重要讲话："践行宗旨为民造福，教育引导广大党员、干部牢固树立以人民为中心的发展思想，坚持一切为了人民、一切依靠人民，自觉问计于民、问需于民，始终同人民同呼吸、共命运、心连心，通过做大'蛋糕'不断增进民生福祉，着力解决人民群众急难愁盼问题，把惠民生、暖民心、顺民意的工作做到群众心坎上，增强人民群众获得感、幸福感、安全感。"

临汾路街道面对辖区房屋设施日趋老旧、社区老龄化程度逐年递增、居民对美好生活的向往不断增加的现实情况，在大数据时代广泛运用物联网、云计算、区块链等新技术，开发了"民情日志""心愿码"等新工具，广泛反映民意，将数据资源转变为新的治理力，切实提高社区治理能级的现代化水平，使惠民生的事办实、暖民心的事办细、顺民意的事办好。

一 在困境中突围：临汾基层治理发展历程

临汾路街道在基层党建联系群众方面工作一直做得比较扎实。群众可以通过多种常态化或临时性渠道向街道表达意见。比如，临汾路街道响应"政务围着民意转，干部围着群众转，机关围着基层转"的"三围三转"号召，提出"五线谱"民情工作法。"五线谱"民情工作法是以机关干部、居委会干部、社区民警、物业负责人和城管监察队员等"五线"工作人员为核心，辐射带动辖区党员干部、职能场所、群团组织等多方力量，共同服务基层的工作法（见图1）。这也是街道了解社区民意的一个非常重要的常态化途径。除此之外，临汾路街道每年召开社区代表大会。闭会期间，还有社委会常态化会议作为听取社情民意的有效补充。临汾路街道很早建立专门联系与服务两新组织的社区工作站。

图1 城管监察队员深入社区开展工作

正是得益于多样化的反映渠道、切实有效的工作方法，临汾路街道与人民群众紧紧地联系在一起。然而，随着时代的发展，传统的工作方法已经不足以支撑现在基层治理的推进，其主要面临着三大难题。

一是缺少数据反哺机制，基层生产数据仍处于缺少高质量数据的阶段。尽管历经多年的智慧政府建设，各条线、各层级已经建立了应用系统和业务系统，但由于系统相对独立、数据标准不一、信息孤岛林立等问题，基层仍需要承担大量的系统切换和重复性填报工作。上报至上级的数据缺乏健全的"反哺"机制、基层缺少高质量数据问题尤为突出，数据无法跨越层级部门、实现协同共享治理，大数据对基层治理、居民参与、自治共治的支持力度有限。

二是服务与需求的精准匹配程度低，公共服务容易错过"沉默的少数"群体。基层服务应从社区群众的需求和社区治理突出问题出发，使得公共服务精准对接群众需求，不断增强人民群众对基层治理的满意度、获得感。但以往由于缺乏基层数据和分析工具，街道难以及时掌握基层群众的急难愁事，尤其是"沉默的少数"群体逐渐被边缘化，在传统"人找政策"的大环境下难以感受社区的温暖与关怀。

三是基层治理低效被动，研判决策主要依靠"拍脑袋"。由于缺少统一的大数据资源底座以及智能辅助决策工具的支撑，基层治理决策往往依靠过往经验，治理低效被动，研判决策不科学，无法提前发现隐患、主动发现问题、及时预警预报和前置化处置，导致治理存在盲区，难以切实把居民群众最希望、社区治理最迫切的应用场景搭建好。

二 在摸索中前进：走出临汾的数字化治理之路

上海市委市政府《关于全面推进上海城市数字化转型的意见》提出要"数字赋能多元化社会治理""以数据要素为核心，形成新治理力和生产力"。按照市委市政府要求，临汾路街道立足已有发展优势和信息化基础,通过不断创新实践,瞄准"建立共享协作的基层数字底座"这个难点发力,于2018年起首创研发"民情日志"大数据平台系统,多年来不断迭代改进,先后经历1.0时代的基层治理数据资源全面上传,2.0时代的促进跨层级、跨部门、跨条线数据资源的融合共享,3.0时代的首创"数字驾驶舱"算法工具,以及基于共享数据的数据深度挖掘的4.0时代的数字吹哨应用社区管理实战。目前已经形成了"民情日志归集数据,数字驾驶舱挖掘价值,数字吹哨赋能应用"的三级体系架构,探索从数据聚合、标签分析到决策辅助、主动治理、机制创新的数据治理全流程,建立制度化的数据生产机制、智能化的问题识别机制、体系化的闭环处置机制、规范化的数据保障机制,着力打造一个集信息采集、深度分析、智能应用、风险预警为一体的综合系统(见图2)。

图2 临汾云:打造多源并流、动态更新、融合共享的综合系统

（一）构建集成共享、实时更新的"数字底座"，以数据为基层减负增能

街道依托区域化党建、专项工作领导小组等平台，构建起市区部门、机关科室、部分公用事业单位数据资源共享互惠机制，目前已接入并打通1个市区部门、2个区级部门、2个公用事业单位、11个街道科室应用子系统，共享数据统一沉淀在"民情日志"大数据平台，构建起街道层面"一网统管""一网通办"平台统一的"数字底座"。"民情日志"聚焦人、户、房三大基层治理的关键要素，形成了超过300个符合临汾基层治理特点的身份标签、服务标签和管理标签，实现临汾辖区内民情信息和服务管理过程全覆盖，为社区居民在数字世界生成"孪生镜像"。所有数据以统管分权限的方式共享给街道科室和居委会，在保证数据安全的前提下，减少数据重复采集，让科室和基层相互赋能，提高工作效能。所有接入应用子系统数据都是基于业务场景开发，实现了采集数据的标准化、规范化，系统数据随业务场景实时更新。"民情日志"大数据平台是一个数字有机生命体，沉淀的都是"活数据"，从而为更深层次的数据应用奠定基础。

临汾路街道"民情日志"系统平台的建设，是打破条块壁垒，整合政府资源，构建基层治理新模式的典范案例。基层政府内部协调与分工长期存在的矛盾在于，过度强调政府的专业化能力，导致政府内部职能部门不断细分，最终形成碎片化、力量弱的政府部门。而各个部门之间又存在着千丝万缕的联系，一件事往往要牵扯好几个部门才能办成。而"民情日志"就很好地充当了基层政府的黏合剂，以平台整合资源，以共享破除壁垒，推动基层治理能力的现代化。

"上面千条线，下面一根针"，说的就是居委会的工作。很多职能

条线上的工作都要通过居委会去落地，居委干部就是那个穿针引线的人，而报表多、证明多一度困扰着居委干部。"每个条线上都有一些报表要填写。数据量大，很多内容重复填写，占用了我们大量的时间。"闻喜路251弄居民区党总支书记顾惠华做过统计，减负前，居民区需要提交的报表有20多种。而现在，临汾居委干部提交的报表仅为5种，减少了75%。"在社区云的临汾路街道'一网协同'数字工作台上，街道职能科室与居委会掌握的数据双向共享。哪个条线需要报表，职能科室可自行查阅，生成电子化报表，大部分都不需要居委干部上报。"

即便要进行一些必要的报表制作，通过数字工作台操作也非常便捷，街道与居委干部经过简单学习就能实现。"数字工作台内有一个智慧报表功能，可以自定义查询条件，通过勾勾选选，9成报表只要一两分钟就能生成。"汾西路87弄居民区居委干部举了一个例子，每季度社区都要排摸能享受免费牛奶的新增90周岁老人的名单。以往，主要通过社工走访、居民上报、台账查阅等方式来获取新增人员情况，因担心名单疏漏，居委干部有时候还要多查几遍。现在，仅需调取相关老人信息，标签筛选，就可以一键生成报备名单，两分钟不到就能完成。

而且，"民情日志"的建成也减少了居委干部用在开具证明上的时间。"居民到居委会开具证明，8成以上是开具居住证明。过去，我们给居民开具一个居住证明，需要翻册核实居民的居住信息，再进行扫描租赁合同等复印证件的操作，至少要15—20分钟。如果居民的信息没有在居委会的底册中，我们还要到实地去核查信息，这样办理的时间就更久了。"顾惠华介绍，一个3 000多人的居民区一个月平均要开具20份左右的证明。

为了进一步优化服务，临汾社区云上线了"一键证明"功能，居民在家用手机就能操作。根据提示，输入基本信息，10秒钟就能开出居住证明。居民不用跑居委会,居委干部开具证明的事项减少了80%以上。

(二)打造挖掘数据应用价值的算法工具,以"算力"带动治理力

在海量数据基础上,街道探索了以数据分析、数据挖掘、数据应用为目标的"数字驾驶舱"算法分析工具(见图3),通过多源数据并流碰撞大幅提升社区治理的"算力",智能挖掘海量数据背后的潜在价值,全面感知公众所需,为政府决策提供丰富的数据资源。临汾路街道以"民情日志"为抓手,通过细分评价指标,为社区骨干"画像",识别社区不同类型的人才,诸如社区居民中的专业人才等,组建由"小区志愿者、在职志愿者"共同组成的志愿服务队伍,形成"爱心保供车队""夕阳洗衣团"等能人服务品牌。再如,在数字底座

图3 数字驾驶舱:"多源数据"的碰撞清晰可见

里搜寻公共服务目标人群，对于符合条件的居民，通过智能外呼系统发送短信直接推送服务，对于系统中已归集的数据免于提交书面材料，尽可能减少跑动、减少材料。

"民情日志"项目是街道不忘为民服务初心、创新为民服务形式、提升为民服务实效的一次有益探索，目的是"进百家门、知百家情、暖百家心"。据了解，"民情日志"系统大大提升了街道以及居委会在服务和管理方面的精准性、主动性、前瞻性。这项工作形成常态长效化机制后，还将持续为居委会减负增能。

现在"民情日志"覆盖临汾社区3万多户家庭、9万多位居民，具体数据涉及年龄、职业、学历、党团员、民族、收入水平、残疾状况、民政救助等上百个字段标签。这些民情大数据经过分类查询和展示，可以形成较为直观的群体数据分布图，便于第一时间发现和查找社区同一类型人员的结构和分布，确保精准民生工程不遗漏、全覆盖（见图4）。

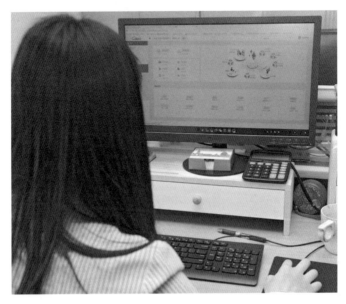

图4　街道工作人员通过"民情日志"了解居民家中的困难

"以前，我们在厚厚的资料本里一张张翻找居民信息的时候，就特别希望能有这样一个数字化的系统帮我们快速定位。"阳曲路760弄居民区党总支书记章旨钦表示，"小区内有2 000多户家庭、7 000多名居民，过去要通过某一个标签定位到个人是很困难的。现在系统全面上线后，想要找到高龄、独居的困难户老人，我们只需要用电脑查询一下，立刻就能找到"。

（三）推动"数字吹哨"应用机制落地，率先实现社区数字治理

临汾路街道基于共享数据的深度挖掘以及"民情日志"4.0的技术积累，在海量大数据的支持下，将已有的归集数据资源进行交叉比对，针对特定治理需求提前罗列问题清单、设置预设算法，推动隐患性问题精准捕捉，从而实现问题的主动介入、预演治理。目前，街道已实现10多个场景的"数字吹哨"功能，如"用水异常""门诊大病""群租预警"等，累计智能报警超4 000次，有效帮助基层干部主动发现问题，及时服务居民，提高社区治理效率（见图5）。

在临汾社区，街道与居委干部结合主题教育开展"四百"大走访，通过线上"心愿码"小程序以及线下走家入户收集意愿，尤其是了解到居民对建造"宝宝屋"的迫切需求："我们夫妻两人每天都是'朝九晚七'，孩子麻烦老人照顾……""我们和子女在生活习惯、育儿观念上存在着一定代沟，如果有专业的育儿老师指导可能更好……""帮忙带孙辈后，自己的业余时间被挤压，如果能在带娃的同时，兼顾自己的爱好就好了……"

对专业育儿场所的迫切需求催生了"宝宝屋"的诞生，然而，究竟该选址何处？"大数据"开始发挥算力。依托"民情日志""数据驾

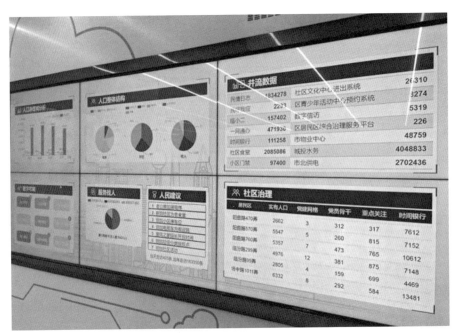

图 5 数字主动吹哨,精准服务,全域赋能

驶舱"平台,街道不仅掌握了辖区内各片区 0 至 3 岁幼儿分布密度、隔代看护家庭情况,也知晓了老人们日常活动需求。这些数据交互叠加后,街道打破惯性思维,实现空间融合,补齐婴幼儿托育服务的短板,让婴幼儿不出社区就能享受到更为贴心的关怀和爱护。"宝宝屋"最终设置在老人最常活动的场所——综合为老服务中心。在"宝宝屋"中可以看到,60 平方米左右的空间布置得十分温馨,对照幼儿不同的年龄阶段设置了运动、认知、语言、游戏等区域,并配备保育、保健等专业工作人员,确保宝贝们在这里获得科学、贴心的照顾(见图 6)。家住星城花苑小区的沈阿姨说:"这里有专业的老师帮忙带娃,我们很放心。""接送时,专业老师也会跟我普及育儿知识,回家带娃也有了科学的指导。"

"家门口的宝宝屋",不仅服务孩子,还服务家长和长辈们。"宝

民情日志：做好基层顺风耳

图 6　家门口的"宝宝屋"

宝屋"每年为宝宝们提供 12 次免费托育服务和 12 次科学育儿指导。接送宝宝们过程中，幼儿教师也会根据宝贝们当日的情况或近期育儿热点话题与家长进行沟通，帮助家长更好地掌握宝贝状况，以便采取更适合孩子的育儿措施。"宝宝屋"启用一周后，便受到了不少家庭的欢迎。此外，大数据还持续分析亲子家庭使用体验等，并将分析结果反馈给相关部门，以提升服务水平。

三　临汾经验：数字之家与数字之路

（一）数字回家+数字到家，多重转变解民意

转变一：基层治理的"智变"。

在全面推进城市数字化转型的背景下，临汾路街道立足现有的信

息化基础和发展优势，转变传统基层治理模式，结合"民情日志"大数据平台系统，借助"数字驾驶舱"算法工具持续深化"数字吹哨"应用场景，让数字"开口说话"，推动基层治理进一步向主动治理、效率治理、提前治理"智变"。

一是推动从"人力发现被动处置"向"数字吹哨主动干预"转变，进一步提升社区治理能力现代化水平。借助数据平台，打破了传统科层体制下的信息传递壁垒，及时发现居民群众的迫切需求和内心期待，及时回应居民群众各类诉求、困惑和关切，做到发现在前、处置在前。

二是推动从"群众跑腿人找服务"向"数据跑腿服务找人"转变，保证"人民至上"的理念在基层扎实落地。随着"数字驾驶舱"的引入，基层干部通过"资源链接"场景，输入居委会和区域化党建单位的需求，系统便可实现一键搜索。"数字吹哨"赋能社区干部，确保"人在哪里、需求在哪里、资源在哪里，社区治理就推到哪里"。

转变二：体制机制的"重塑"。

街道社区在基层党组织的领导下，把握城市基层治理特点与规律，进行基层政府职能重构、基层社会关系架构重组、基层公众利益格局重塑。

一是构建"数字化转型组织架构"，加强统筹协调能力。临汾路街道成立数字化转型工作领导小组，实行街道党工委主要负责同志"双组长"制度，街道全体班子成员、中层干部都是领导小组成员。领导小组负责组织领导、机制设计、宣传发动、督促实施、人员安排、后勤保障等工作；成立专项工作小组，负责数据采集、数据维护、数据共享、数据安全等具体工作；成立各部门、居委会工作联络小组，负责协助专项工作小组完成数据采集、维护等工作；成立专家咨询小组，共同为特色试验基地建设出谋划策。

二是建立数字技能培训提升机制。建立工作小组管理制度，工作人员要求具备大数据思维与工作能力，善于从常态化工作中思考数字化转型方法。建立培训制度，定期组织分级分类培训，确保人员工作能力持续满足当前岗位要求，培养运用数字化思维解决实际问题的能力。制定科学、合理的人员考核办法，鼓励采取适当的激励措施，激发队伍活力。

转变三：理念思路的"革新"。

一是以人为本，主动治理。充分利用大数据、云计算主动为居民提供贴心服务。以精准慰问为例，探索"民情日志+精准帮扶"模式开展救助工作，通过对接大数据平台和检索分类标签，主动匹配救助人群，完善主动发现机制，将精准服务落到困难群众身上，推动"政策找人"落地落实。

二是数字赋能，效率治理。创新运用数字化手段，为基层治理减负增效。临汾路街道巧用"民情日志"系统，对数据进行分类归集和智慧加工，实现主动推送提醒信息、在线审批业务表格、自动审核人员信息等功能，有效升级基层干部的治理模式，提高工作效率，腾出更多的时间和精力为群众办实事（见图7）。

三是智慧预判，提前治理。用数据驱动智慧决策，提前预判。结合社区大脑和数字驾驶舱，通过大数据中心平台和云计算，将信息技术和管理技术相互融合，达到工作提醒主动化、风险识别自动化、决策管理智能化，帮助基层干部在提前做好准备工作的同时提供参考依据，实现社区智慧管理和运行。

转变四：实施举措的"更新"。

一是运用前沿技术，搭建数字底座。街道充分应用大数据、云计

图7 "民情日志"平台,触摸民生脉搏,感知社区温度

算、区块链和人工智能等前沿技术,推动街道社区治理观念创新、方式创新。通过构建街道数据采集统一管理平台,破除数据壁垒,实现各类数据有效共享,明确系统间数据交换流程和标准,建立数据质量监控体系,覆盖数据全生命周期,对数据质量持续监测、分析、反馈和纠正,保证数据资源的真实性、准确性、连续性、完整性和及时性。

二是推进流程再造,激发社会活力。加快建设智慧政府,完善智慧政务服务流程,提高政府行政效率与城市治理能力。以问题为导向推动大数据的全方位应用,拓宽多元主体参与城市治理的渠道,积极引导社会力量深度参与城市精细化管理。善于应用大数据推动政务流程优化和社区治理体系创新,通过搭建政务系统平台,将市民、企业纳入城市精细化管理的各个环节,充分调动居民参与城市治理的主动性与积极性。

三是依托大数据实现管理闭环,提高治理效能。打通部门壁垒,改变传统体制下条块分割、各自为政的管理体制,针对街道不同领域、不同对象、不同问题设计智能化的应用场景，加强组织领导，确保社区治理各项工作协同联动、有效推进。通过强化督导检查，完善现场治理有效措施，加强日常检查和现场监控。通过落实检查责任，确保社区治理各项任务分解落实到各责任主体。对检查出的问题实行"零容忍"，做到责任到人，闭环管理。

（二）数字智治+迭代创治，三阶迭代固成效

制度和机制建设是治理效能持续提升的关键。在基层治理的实践中，创新的亮点并不少见，但能够持续创新并且具有长期成效的案例却少之又少。临汾路街道在治理创新中，始终将制度建设放在重要位置，通过对基层治理工作中的各项创新举措总结经验、形成制度，在向外示范推广的同时也将自身的治理创新底板越扎越牢。

临汾路街道35年的治理探索与发展历程大体可以划分成三个阶段。第一个阶段是组织化，临汾路街道十多年一以贯之地抓基层党建，创建了许多自己的品牌。比如率先探索建立起居民区党建"三三制"（以楼组为单元，有3名以上党员的楼组建立党小组；以楼群为单元，有3个以上党小组的楼群建立党支部；建立"居民区党总支—楼群党支部—楼组党小组"三级组织网络），开启了以楼组党建为支点的社区党建格局；首创"五线谱"民情工作法，推动干部下沉至一线，知民情解民忧；创立社区代表大会制度并在全市推广。第二个阶段主要是项目化。2010年以后，临汾路街道在坚持党建引领的基础上，通过引进社会参与、购买社会组织服务等方式，积极探索多元治理机制，构建共建共治共享的基层治理新格局。临汾路街道也创立了相当多的经典服务品牌，比如少儿驿站、四点半课堂等。第三个阶段是推进数字化。临汾路街道在原有的品牌基础上，利用信息化工具重新优化与

设计工作流程，初步形成了以民生需求为核心关切，以数字智治为特色工具，以制度建设为阶段成功的"民生—数治—制度"闭环，数字新社区建设走向良性循环。其突出表现在三个方面。

一是社区制度建设方面，加强组织机制保障，成立街道社区数字化转型工作专班，形成由街道各科室共同参与的工作协调机制；建立联络员制度，负责数据采集、数据维护、数据共享等具体工作；建立培训制度，定期组织分级分类培训，提升工作人员运用数字化思维解决实际问题的能力；出台《临汾路街道全面推进数字化转型三年行动方案（2022—2024年）》，结合实际进一步明确工作任务和工作重点。

二是社区智慧治理方面，"民情日志"大数据系统目前已经汇集沉淀了近1 000万条民生数据，集深度分析、智能应用、风险预警、辅助决策等多项功能于一体。"民情日志"3.0版本"数字驾驶舱"已经在社群画像、社会动员、点位选址、工作分析、服务找人、安全评估、风险预警、应急救援等8个领域17个场景拓展了57类应用。在"民情日志"大数据平台的助力下，"数字吹哨"这一符合现代治理要求的新机制在临汾社区落地生根。

三是倾听民意办实事方面，街道还依托"民情日志"汇总分析机制，制定每年度的民生实事项目；梳理各级党建网格需求及资源分布情况，预判居民需求，使数据基于基层又反哺基层，改进基层工作，不断增强居民的幸福感和满意度。

撰稿人：朱　琳　李　帅

社区大脑：城市管理的利器

2014年，习近平总书记在参加十二届全国人大二次会议上海代表团审议时指出："加强和创新社会治理，关键在体制创新，核心是人，只有人与人和谐相处，社会才会安定有序。社会治理的重心必须落到城乡社区，社区服务和管理能力强了，社会治理的基础就实了。"2017年，总书记在十二届全国人大五次会议上海代表团审议中强调，"城市管理应该像绣花一样精细"。总书记在党的二十大报告中进一步提出："完善网格化管理、精细化服务、信息化支撑的基层治理平台，健全城乡社区治理体系"。

临汾路街道以老旧小区为主，人口密度高，老年人口多、外来人员多、弱势群体多，社区服务需求、居民利益诉求多元复杂。面对基层治理工作的千头万绪，临汾路街道迎难而上，打造"社区大脑"，切实推动基层治理减负增能——结合基层治理实际，密切关注人民群众需求，有机融合全过程人民民主，将大数据、云计算、物联网、人工智能等新一代信息技术与城市管理、社会治理、民众服务深度融合，以数字化转型工作专班为核心，高效联动、全线协同推进数字化转型建设。

一 从"人治"到"机智"：智慧管理的演变

临汾路街道通过扎实的党建引领社区治理，在网格化管理的基础上,将绿化市容条线、房管物业条线先后纳入了城市运行管理中心,社区管理涉及的点更深了、面更广了。其中,街道治理管理和服务落在城运条线。

在"一网统管"概念推广之前,最早的"人力管理"是通过人力去发现和处理事务的,"智能管理"由"人力管理"转化而来,利用物联网和互联网等技术,通过布置"神经末梢""感知器",自动产生工单,能够有效发现"人力管理"所不能发现的问题。而"智慧管理"是"智能管理"的进一步加深,"智慧管理"要求所有责任部门联动联勤,在发现问题后,着眼促进管理水平的提升,通过数据基础,增加了分析研判这一环节。

"社区治理具有阶段性的特点,一年四季的关注点和重点都不同。比如夏季以防汛防台、噪声扰民、油烟排放、广场舞等相关问题为主;冬季则重点关注严寒防护与出行、老年人的就餐服务等问题。"考虑到不同年龄段的人群需求不同,"智慧管理"的理念应运而生,通过大量的数据分析,达到及时有效地发现问题和解决问题的效果。

智慧物业管理其实是"一网统管"的分支与延伸。"一网统管"更多地关注为民服务、居家养老、便民服务、街面动态管理,然而对行业的管理和服务仍停留在较为老旧的层面,比如先前业主对物业公司的服务水平、服务评价等都是通过纸质调查问卷的发放来采集的,外加一些走访和调查。一方面,物业公司进行自我评价;另一方面,业主、居委会和相关街道责任部门等主体对物业公司进行评价。这种评价方法尽管维度较广,但存在着评价不客观等弊病。

临汾路街道结合自身优势和数据基础,从2018年大数据平台系统的首发开始摸索前行,经过四个阶段的改进发展,最终得到了较为完善的体系架构，治理流程完整、机制规范，建成了一个集信息采集、管理、应用于一体的综合系统——"社区大脑"（见图1）。

二 数字底座赋能"社区大脑"：数据跑腿的应用

临汾路街道"社区大脑"系统主要由"社区综合管理平台"和"社情民意分析系统"组成，其联合指挥中心覆盖网格中心、综治中心、应急中心、物业管理

图1 临汾路街道"社区大脑"联合指挥中心

中心、民生保障中心五个核心职能领域，通过智能化技术接入绝大部分城市部件和全部城市事件管理数据，实现24小时不间断运行。联合指挥中心根据接入的管理数据实时调配行政资源，实现"全覆盖、全要素、全天候、全过程"管理。以试点的临汾路街道为例，该街道"社区大脑"综合平台，把党建、群众工作和信息技术、现代管理结合起来，通过在小区消防水泵水压感知、重点场所烟感、电梯运行状态、食品质量快检、用电电弧过载预警、独居老人居家照护等22个领域、近百个场所设置6 000余个智能感知部件，形成智慧化的"神经末梢"网络，有效地替代了原本使用的人工发现方式，方便基层把管理服务的力量和资源更好地集中投入到处置领域，使问题的响应与解决速度明显加快，切实保障了人民群众的生命财产安全（见图2、图3）。

人民城市在临汾社区的实践
——老百姓眼中的"全过程人民民主"

图 2 "一网统管"数字平台界面

图 3 遍布智能感知元件的街道平面图

面对整治群租的难题,临汾路街道灵活使用"数字吹哨"。"数字吹哨"应用机制是将数据沉淀结果转化为主动治理行动所产生的新的治理力。具体而言,即通过每户居民每月用水、用电量与上海市公布的平均用水、用电量二者间的参照对比,根据不同户型、居住人口数、淡季旺季等变量进行测算。若用水用电量长期超过平均用量的50%,则表明可能存在群租风险。此时,"数字驾驶舱"向街道城运中心发出数据异常预警信息,街道城运中心接到预警后,通过"一网统管"平台,派单到相应居委会,居委会干部立即上门调查实情,确属"群租"后,通过小区物业联系业主,要求拆除隔间、恢复原有房间面貌和功能,一周后再上门复查整改情况,由此群租治理形成闭环,确保及时发现、及时治理、及时督查整改。

以困扰老旧社区的"加装电梯难推进"问题为例,民情数据显示,加梯成功的影响要素与楼内独居老人数、纯老家庭数、残障人数和楼内在册党员及志愿者数,以及楼栋居民参与社区活动积极性、参与社区公共事务频次密切相关,而非与楼栋居民的学历和收入呈正相关关系(见图4)。"数字驾驶舱"以此为逻辑基础,设立精细化标签,将楼内居民从政治面貌、收入水平、社区活跃度、享受公共服务情况等多个维度提炼出画像,并按这一数据模型在

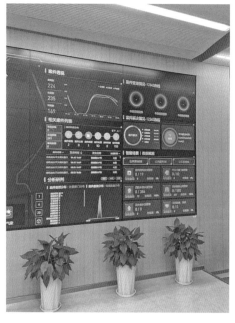

图4 "社区案件"总览面板

全社区寻找相似楼栋。针对潜在楼栋，社区干部积极深入一线，有针对性地开展群众工作，发动居民自治共治，协商加梯方案，大大提高了工作有效性。

"社区大脑"具有较为成熟的数字底座。在平台的设计方面，物业的现有业务包括但不限于垃圾分类、12345工单处置、业主报修服务、居民区日常巡查等。

在垃圾分类管理场景下，实时对接垃圾分类视频巡查和自动发现业务平台的工单数据，实时对接街面巡查和平台巡查数据，按小区、物业、厢房等维度查询和展示高频工单和区域，按照物业公司工单响应速度、高发点位、重复工单点位等维度对小区和物业公司进行垃圾分类工作评价，按照月度、季度、年度三个时间窗口发布物业排行榜（见图5）。

图5 多层次物业评分排名

在业主报修管理场景下，传统线下报修流程存在价格不透明、质量不保证、维修记录不全等问题。为此，联动平台将整个报修流程搬到线上，建立在线报修和用户评价机制，督促物业提高服务水平和维修质量，并在线上留存业务数据，作为物业公司服务水平考核的依据。

在装修工地管理场景下，传统装修管理一直存在野蛮装修、噪声扰民等问题，联动平台发挥监管作用,要求物业公司服务辖区内的装潢工地从设计备案到日常巡检、建筑垃圾清运等流程都搬到线上,建立工地日常监督巡查机制,并将其作为物业公司服务水平的考核依据,从而规范装修管理过程,遏制野蛮装修的苗头。同时,通过巡查可以了解业主装修是否改变原房屋结构,从而在源头上杜绝群租现象的出现。

在12345工单管理场景下,提供12345工单导入和实时状态更新功能,自动智能匹配工单地址到小区和物业公司,自动智能提取物业相关投诉和工单,重点关注物业相关的安保、装修扰民、环境卫生等情况,根据案件地址查找关联场景下的工单,对未在一网统管工单内立案的新案件,自动发起关联工单,提高12345工单响应的速度和效率。

临汾路街道通过数字孪生技术对小区封控、消防救援、电梯抢修、台风天气、垃圾分类等多个应急场景形成"数字预案",社区、居委会干部一键生成包含人、事、物等关键要素的"作战图",结合党建微网格数字沙盘,赋能平急结合,在调配全社区人、财、物等资源应急响应方面发挥重要作用。同时,加强数字治理,探索"数字回家",通过数据与业务的深度融合,探索形成精准精细化闭环管理机制(见图6)。比如,街道与辖区供水、电力等单位通过党建联建,实现了居民生活用水、用电等数据的共享,构建起疑似

图6 智慧物业工作平台界面

群租、电瓶车入室充电等识别标准模型。在下一阶段，街道还将把停车管理、非机动车管理、绿化养护等纳入新的业务场景中。

社区大脑掌握所有物业人员的服务标签、身份信息，便于工作的梳理。不管是房屋信息、人员信息、小区出入口状况、绿化面积还是停车信息，平台涵盖了服务小区的各种元素。街道着力打通数据壁垒，综合多个系统数据以及调研走访数据，目前数据库已汇聚千万级体量的民生数据，通过128类身份标签、99类服务标签、13类行为标签，对每位居民进行了人物画像，涵盖基本信息、社区活动、社区参与、民主协商等，各部门可经数据库查询获取多元信息。数字平台更是将小区的主要停车区域、出入口和通道的监控视频记录下来，在日间监测出入口是否通行正常，在夜间管理停车情况，最大程度化解潜在的停车问题（见图7）。

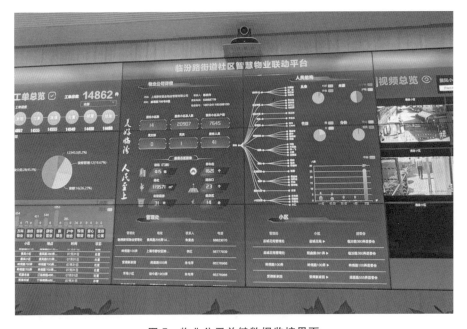

图7 物业公司关键数据监控界面

社区大脑：城市管理的利器

深化"社区大脑"建设，需要充分发挥城运中心"一网统管"的枢纽平台优势，全力推进当前版本迭代升级，同步做实"街道—街区—居民区"网格联动治理体系，全方位活化街道"四级党建网格"，确保互联互动无死角、互通互信全天候，力争"万物可感知、数据可分析、现场可指挥、事件可预警、趋势可研判"（见图8）。街区网格层面，强化与驻区单位、"两新"组织等主体的联动协调、信息共享，及时解决具体派单问题。例如，打破管理条线部门间的数据藩篱，对773个沿街商铺等单位建立"一店一档"数据化管理平台，实现4个"街区网格"的管理行为数据化、协同治理高效化。

图8　案件"发现—处置—预判"流程示意图

数据作为技术的原材料，其深度和广度很大程度上影响着"社区大脑"的运作潜力。目前，"基层大数据"湖泊已经沉淀了接近1 000万条数据，覆盖了社区3万多户居民家庭、9万多位居民群众的"数字镜像",归集了以"人、房、户"为基准的"五个层面"民生数据,即各居民区民生基础数据、街道各业务科室的工作数据、社区事务受理中心的居民办事数据、街道"五线谱"联络员和居民区干部调研走访数据,以及区级和街道级各类应用系统沉淀的包括助餐、公益、服务、出行、诉求等方面的居民行为数据。

为了大幅提升治理"算力"、挖掘善治"密码"、支撑科学决策,街道在全面整合、深度分析"基层大数据"湖泊的基础上,运用云计算、人工智能等现代信息技术打造了"数字驾驶舱",并针对公共服务基础领域拓展应用,通过数据主动发现服务需求和对应人群,大大提升了精细化治理的水平和效能。例如,梳理各级党建网格需求及资源分布情况,预估居民需求,使数据源于基层又反哺基层;为街区服务点位布局提供决策支撑,形成"一核一环多点"的党群服务阵地体系;分析不同年龄的人口热力分布和趋势走向,在老龄化趋势加快的街区增设服务机构,将为老服务核心业务纳入日常服务。

三 民意透明助推良性竞争:智能应用与绩效评价

意识到物业管理的薄弱性和对物业公司评价的客观公正性需求,业委会牢抓服务质量,对比收费标准,仔细倾听业主建议意见,从原先22个物业公司对应38个小区,到如今筛选淘汰后仅留下了10家物业公司。

在工单完成之后,临汾路街道也非常注重评价的多维度。"在每个应用场景或每个单项上,都有小区对物业公司的考核排名。单项评价包括时效性、完成率和满意率等,使评价全面而客观。综合评价则把小区总的应用场景或要素加起来,然后进行排名,周期可能是一个月、三个月、半年或是全年。"如此推行之后,工单处置情况一目了然，应用场景管理进程熟悉掌握，可以实时地通过视频巡查的形式了解居民动态，综合评价评定小区的管理水平。测评具有周期性较短、过程较为复杂等特征，借助智能系统可以节省大量人力资源，达到"减负"效果。业主对物业公司服务感受的直观性和评价的客观真实性也提高了，业主可以在线上平台对比其他区域的服务情况和响应速度，写下建议，使物业对自己的服务水平逐渐形成清晰的认知。

业主也可在小程序"临汾好管家"上报修，监督工单完成进度、时效，评价完成质量。更重要的是，所有信息公开的内容会更新展示在平台上，鼓励业主提出对物业未来提升服务的期待和要求。

此外，临汾路街道还开发了"智慧临小二"系列智能应用，作为面向居民开放的第一窗口，把社区治理和公共服务的主动权交到群众手中。"智慧临小二"设置了"约走访""约空间""要留言""要投票"等功能，居民可随时随地选择基层干部走访时间、预约居民区公共活动空间、发表对社区事务的意见建议，参与社区重大事件决策。居民崔阿姨就曾线上预约了一小时的舞蹈室使用，她表示："这个预约给我一种'私人定制'的感觉，在屏幕上操作一下就可以了，流程清晰好用。预约成功后系统还会发短信提醒我，查看起来非常方便。我已经用得非常熟练了！"郑大爷通过"临小二"报名参与社区公益活动，还用自己累计的公益积分兑换了不少生活用品。针对防疫工作，"智慧临小二"在全市率先开通"居家隔离证明""用车申请小程序""上海市 HS 转运小程序"等，为市区两级防疫应急管理提供了基层实践参考。在日常工作中，虚拟数字社工"临小助"可通过语音、文字等多种交互方式，随时随地为社区工作人员提供针对性的群众工作能力培训，提升服务水平。

街道率先试点开发社区"心愿码"，依托小区实际情况精准推送社区新基建菜单，供辖区居民查看、许愿。目前"心愿码"已上线数十种应用场景和解决方案，促进乒乓球发球机器人等智能设备落地应用，确保居民急难愁盼问题被及时捕捉、精准供给。在"心愿码"原有功能的基础上，街道还创造性地根据小区类型、人口结构、存量设施、投资建设渠道等实际情况，量身定制社区新基建菜单，并在"心愿码"小程序上进行展示和介绍，极大地提升了供需匹配的精准性和居民心愿的实现率。

四 临汾经验：数字管理"举一反三"

临汾路街道作为上海城市基层治理数字化转型的先行者之一，率先探索建立了以"民情日志"为基础的"数据驾驶舱"应用系统和以"社区大脑"为中枢的"一网统管"指挥平台。2018年3月正式上线以来，初步实现了以大数据支撑城市精细化管理、以现代科技赋能精准化服务的治理目标。街道以"社区大脑"为平台，将智能感应自动发现、巡逻巡查主动发现和信访投诉被动发现的各类问题汇聚到"社区大脑"指挥平台，通过全方位感应、全天候运作、全区域调度，不断提升精细化管理水平。作为上海市最早试点并推行的街镇级"一网统管"智能应用平台，得到了社会各方的充分肯定。

（一）"一网双线三联"工作法

临汾路街道积极落实市委市政府"创新社会治理，加强基层建设"要求，通过党建引领基层治理，把"善治理"理念落实在工作中，着力解决老旧小区的共性问题，综合考量不同小区的个性问题，提升精细化治理水平，不断提炼可复制、可推广的中心城区老旧小区党建引领基层治理的"一网双线三联"工作法（简称"三联"工作法）。

第一，以人为本做实党建。一网双线三联，精准把握需求，让民生服务更有依据。通过党建引领，网格治理夯实精细化底盘。做实"街道党工委—居民区党总支—网格党支部—楼组党（员）小组"一张党建网，覆盖全街道；实践中开展"线下党员报到、共同行动、凝聚人心，线上共建家园、赋能小区、汇集民意"活动；积极实现"干部联楼组、党员联群众、服务联民心"。党建网格的全覆盖把街道干部、居委干部的服务感知触角延伸至居民家庭；把基层治理的最小单元延展到楼组；"家门口"的服务把党的温暖带给每一位居民，让小区更加有温度。坚持问需于民，借助清单管理满足差异化需求。从居民角度出发，做实干部联楼组、党员联群众、服务联民心。通过"五线谱"上门、"临小二"上线等七大渠道汇集难点问题，运用"社区分析工具"梳理"居民区—小区—微网格"三个层面的"一特征三清单"，据此提供差异化服务。比如，有些小区对高品质生活有更高期盼，街道就和上大美院合作，引入"社区艺术顾问"参与小区微更新，率先试点"心愿码"小程序，将全过程人民民主贯穿社区治理实践，四个"数字小屋"选址、服务均在小程序上征集意见。通过科学决策，主动跨前做实数字化转型。比如，从科技赋能角度出发，数字赋能决策，把贴心服务做在群众开口之前。以社区云、民情日志平台为数据底座，探索"数字驾驶舱""社区大脑"应用场景，主动发现需求。比如开发"数字吹哨"功能，通过汇聚居民办事、居委走访、公用事业等多源数据，智能发现服务对象，为"沉默的少数"主动服务。

第二，最小单元做实治理。全要素全覆盖、注重常态长效，让基层治理更有方法。推进全要素网格治理，做实"三联"工作微网格，推动分类治理常态长效化。街道构建社区网格架构，党建、治理、服务"多格合一"，街道领导、机关干部、社区民警、城管、城运、网格员、党员骨干等力量"沉网入格",赋能网格、重心下移,提升最小单元平战动员、应急处突能力。街道结合"美丽家园""拆围墙"连片管理,使原本分散的小区资源实现共享,物理障碍的破除增强了微网格治理力量。推进全工具共性治理,做强"三联"工作微治理,系统梳理街道、居委在解决各类小区共性问题中形成的工作方法和机制,导入治理"工具箱",为基层一线解决类似问题提供方法支撑。临汾社区"工具箱"已在治理专业化、社会化、法治化、智能化等多个层面,全方位汇集了物业治理131模式、居民区"1+5+X"共治联席会议、加梯123法、支部建在路上、社区法律顾问制度、三层协商破解停车难、街区党建等机制和做法。通过全过程协商治理,做优"三联"工作全过程,自下而上优化搭建"楼组微协商、小区网格协商、社区大协商"三级对话平台,畅通居民诉求表达渠道。把小区自治充分纳入组织化过程,系统推动居民意见表达组织化、社区动员参与组织化、公共事务决策组织化,引导更多治理主体从"原子化"向"共同体"转变。在老公房小区加梯中,街道建立加梯例会、楼组自管小组协商等三级自治协商制度安排,把自治力量组织化纳入,在协商议事、达成共识、化解矛盾和居民监督上平稳有序推进。

第三,配足力量做实基层。双画像三到位、精准高效适配,让资源配置更有导向,做到精准聚才用才,用人才支撑"三联"工作作基础。街道从小区情况、毗邻资源、阵地布局、骨干资源等13个维度,为20个居民区、38个小区逐一画像,精准高效适配社区资源。根据小区画像,"一居一策"配置全龄友好一站式"居民之家",尤其是上班族居多的小区,"临小二"系统提供线上预约功能,实现"居民之家"24小时不打烊。通过多维评价指标,为社区骨干画像,因材用才,配强居委干部队伍;为志愿者画像,有效组建由"小区志愿者、在职志愿者"互补的志愿服务队伍矩阵。针对全街道1 912个楼组，积极探索一老一少、双线双进的"双楼长制"，引导在职志愿者担任"线上楼组长"，做好网上群众工作，实现"线上有速度、线下有温度，服务进家庭、温暖进人心"。配足人、财、物，做到精准服务保障，用精准为"三联"工作作注脚。按照管辖户数配置"两委班子"工作人员和安排工作经费，保证任务更重的小区治理力量充沛。立足平战结合，在利用行政资源打牢居委力量的基础上，通过党建联建争取社会资源为我所用。比如，对缺乏毗邻资源的居民区，牵线引入万科物业等优质物业入驻，搭建人大代表对接平台，帮助小区提升资源统筹能力。

（二）四个阶段建设

临汾路街道城运中心的信息化和数字化建设经历了基础平台搭建、"一网统管"精细化治理平台建设、街面巡查系统接入平台、智慧化运营场景落地四个阶段。其中，一些关键模式在推进数字化治理的过程中发挥重要作用。

构建起一张整合的城市管理"数据湖"网络，面向"交通""健康医疗""健康食安""环保""城市公共设施"五大领域形成服务民生热点的大数据创新应用和一个具有城市数据综合运营、大数据分析挖掘和预测预警能力的城市智能运营管理中心，最终形成"1+5+1"的大数据与城市管理模式。

围绕城市治理水平的提升，针对各类民生诉求和城市事件，用实时在线数据和各类智能方法，及时、精准地发现问题、对接需求、研判形势、预防风险，在最低层级、最早时间，以相对最小成本解决最突出问题。"一网统管"精细化治理平台除了接入物联网数据外，还开发了政务微信，内置案件上报和处置等应用模块。这是城市治理系统利用互联网开放能力来延伸治理能力末端的实践,使得问题从发现到处置都可以通过互联网在任何时刻对应到任何人和任何地点。

临汾路街道自行开发了小区街面巡查系统,根据小区的特点,拟定了21项巡查大类,涉及公共安全、居住环境、物业服务质量等方面,对每一类巡查问题赋予不同分值,对巡查人员采用发现问题数量与发现问题分值的双重指标考核要求,确保发现问题既全面又有质量。网格中心还安排4名专职小区巡查员对辖区内37个小区进行巡查。经过一段时间的使用,有力地督促了物业对各类问题的解决,使物业由被动处理问题,变为主动发现并解决各类问题。小区内部面貌得到了有效改善,安全隐患问题得到了及时解决,物业服务质量有了显著提升。

随着人工智能的发展,图像识别技术在各个行业都得到了广泛应用,临汾路街道在垃圾分类有效管理工作中,在辖内垃圾箱房设置了智能摄像监控系统。该系统摄像头内置了智能行人识别、越界识别等功能,所有的摄像头数据实时汇集到城运中心,视频巡查人员可以自由切换视频源,对于发现的问题一键发起工单,并实时监督处置过程,极大地提高了垃圾分类的治理效果。在人工视频巡查的同时,针对每个箱房摄像头视角下的垃圾满溢和小包垃圾等问题,通过机器学习,尝试自动发现小包垃圾和垃圾箱满溢现象,发现疑似案件后,再结合人工复核发起案件处置。

街道城运中心是"一网统管"的末梢,是实现管理闭环最重要的一环。只有抓好街道城运平台建设,强化共同目标、解决共性问题、明晰共同路径,才能打赢打好"一网统管"的冲刺战、攻坚战、整体战。街道城运中心在日常工作中坚持"对上+横向+对下"三方面的沟通形式,积极借鉴其他委办局、街镇及基层的优秀经验,着力推动各类数据信息及管理队伍整合共享,全面提高城市管理综合效能;围绕"城运中心本体—网格单元—居民社区"三级体系,形成发现、派单、处置、结案、回访的全过程闭环工作机制；做优业务流程，针对高频事项加快推动问题处置的流程再造，切实赋能一线工作人员，提升问题处置的效率，切实增强了人民群众的获得感、幸福感和安全感。

（三）五大联动

城运中心和物业公司在社区管理、社区服务、社区治理等方面相辅相成，为提高小区治理水平和服务质量，增强居民的幸福感，街道同时还要承担起监督物业公司工作的责任，确保物业公司提供的服务质量符合规定。物业公司和街道城运中心之间是一种合作协同的关系，目的是为社区居民提供良好的生活环境。联动平台打通物业、业主、城运中心三方，联动协作为治理赋能。

第一，优化组织结构，充分掌握和对接物业公司和管辖小区的基本情况，包括硬件配置、小区设施、物业公司组织结构数据等，整合辖区内物业公司资源，优化基层党建组织。第二，整合服务资源和治理力量，对接人口数据，实时汇总人口居住层面的数据。第三，建立统一的服务标准和制度，根据不同的物业联动场景，量化物业服务标准，规范物业服务流程，建立具有临汾路街道特色的物业公司考核指标体系。第四，搭建城运中心对物业公司的人力资源调度平台，搭建城运中心对物业公司的监管考核指标平台，深化两网融合，自建物业相关工单快速处置流转监督平台，汇聚到市级"一网统管"的工单平台，打通居民自查、物业百事通等自助式咨询查询服务（见图9）。第五，分场景管理功能，包括垃圾分类管理场景、业主报修管理场景、装修工地管理场景、12345工单管理场景等。

临汾路街道还十分注重技术的迭代，智能应用针对自身独特性的个性化设计，以"小投入大作用"为优势特征，建模可复制、可推

人民城市在临汾社区的实践
——老百姓眼中的"全过程人民民主"

图9 临汾路街道城市运行管理中心

广,赋能其他区域,带动社会效益。运用大数据推进基层治理智慧化,不仅是一场技术变革,也是一场社会治理模式的变革,更是一次基层党的群众工作方法的变革。临汾路街道的实践表明,以大数据支撑城市街道社区精细化管理,必须牢牢抓住"一网统管"这个超大城市治理的"牛鼻子",做实做强基层数字化治理的枢纽平台,打造坚实的数字底座。同时,必须坚持"实战管用、基层爱用、群众受用"的原则,切实让干部群众感受到数字化治理带来的新变化,将"大数据"思维融入街道社区精细化治理实践,形成"用数据说话、用数据决策、用数据管理、用数据创新"的新型基层治理机制,推动技术赋能和体制改革有机结合,实现全过程管理。

撰稿人:朱 琳 郑思琪

注:本书部分数据、图片等参考临汾路街道提供的相关资料。

图书在版编目(CIP)数据

人民城市在临汾社区的实践:老百姓眼中的"全过程人民民主"/李梅,顾海斌主编. —上海:复旦大学出版社,2024.10
ISBN 978-7-309-17329-1

Ⅰ.①人… Ⅱ.①李… ②顾… Ⅲ.①社区管理-研究-静安区 Ⅳ.①D669.3

中国国家版本馆 CIP 数据核字(2024)第 033750 号

人民城市在临汾社区的实践——老百姓眼中的"全过程人民民主"
李 梅 顾海斌 主编
责任编辑/朱 枫

复旦大学出版社有限公司出版发行
上海市国权路 579 号 邮编:200433
网址:fupnet@fudanpress.com http://www.fudanpress.com
门市零售:86-21-65102580 团体订购:86-21-65104505
出版部电话:86-21-65642845
常熟市华顺印刷有限公司

开本 787 毫米×1092 毫米 1/16 印张 18.5 字数 222 千字
2024 年 10 月第 1 版
2024 年 10 月第 1 版第 1 次印刷

ISBN 978-7-309-17329-1/D·1188
定价:68.00 元

如有印装质量问题,请向复旦大学出版社有限公司出版部调换。
版权所有 侵权必究